Prepárate, papá

Gary Greenberg
Jeannie Hayden

Prepárate, papá

Traducción de
Isabel Merino

Grijalbo

Título original: *Be Prepared*

Primera edición: enero, 2006

Printed in Spain – Impreso en España

ISBN: 84-253-3987-1
Depósito legal: B. 1.905-2006

Compuesto en: Fotocomposición 2000, S. A.

Impreso en Limpergraf
Mogoda, 29. Barberà del Vallès (Barcelona)

Encuadernado en Encuadernaciones Roma

GR 3 9 8 7 1

Dedicamos este libro a nuestros abuelos,
William y Anna Barkin, Morris y Esther Greenberg,
Margaret Hayden, Fran Hille y Daniel y Johanna White.
Somos mejores padres y mejores personas gracias
a vuestra calidez, generosidad e inquebrantable
sentido del humor.

Índice general

INTRODUCCIÓN

Enhorabuena y bienvenido a la cofradía de la paternidad.

Durante miles de años, los hombres han recorrido la tierra, cazando, recolectando, trabajando en los campos, día tras día, para mantener a sus familias de todos los modos posibles. Pero hasta el último cuarto de siglo los papás no han empezado a dejar de lado sus lanzas y asumir un papel activo en los deberes cotidianos de cuidar a un niño. Así pues, si parece que en las mujeres es más natural criar a un niño, es solo porque llevan a los hombres una enorme ventaja en el tiempo.

Pero la verdad es que todos esos siglos de caza han dotado a los hombres de una habilidad que encaja perfectamente en la nueva paternidad: la paciencia, la astucia, la resistencia y la capacidad de improvisación tienen un papel sobresaliente tanto para acechar a una presa como para criar a un bebé. De forma muy parecida a un animal de los campos, un bebé es también una criatura muy imprevisible, propensa a cambios de humor absurdos y salidas demenciales.

Pero la pura habilidad no sirve para hacer un padre estupendo. La clave es estar preparado; saber cómo manejar cualquier posible SNFPB (Situación Normal Fastidiada por un Bebé) que pueda presentarse en cualquier momento de cualquier día y ser capaz de poner en práctica los planes B y C, cuando falla el plan A. Un padre preparado puede aventurarse por el mundo con el viento de cara y el bebé atado a la espalda, sabedor de que está listo para enfrentarse a cualquier cosa. La meta de este libro es alimentar esa confianza.

En estas páginas aprenderás tácticas esenciales para mantener a tu vástago sano y feliz y a ti y tu pareja mentalmente estables. Puede que algunos de los procedimientos te parezcan un poco extraños al principio, pero pierde cuidado: todos los contenidos de este libro han sido meticulosamente estudiados, probados con padres y aprobados por los bebés. Por añadidura, han sido aprobados por varios distinguidos miembros de la American Academy of Pediatrics.

En el fondo, *Prepárate, papá* es un manual práctico. No es la clase de libro lleno de emoción y sensiblería sobre la relación padre-bebé. Y aunque no nos duelen prendas para admitir que compartir el primer año de la vida de tu hijo es una de las experiencias más apasionantes y de más rotunda afirmación de la vida que tendrás nunca, también sabemos que es mucho lo que tienes que aprender en muy poco tiempo. Así que nos ceñiremos a los aspectos prácticos y te dejaremos a ti el sentimiento.

Vamos pues, bolsa de pañales al hombro y en marcha.

LA PRIMERA SEMANA

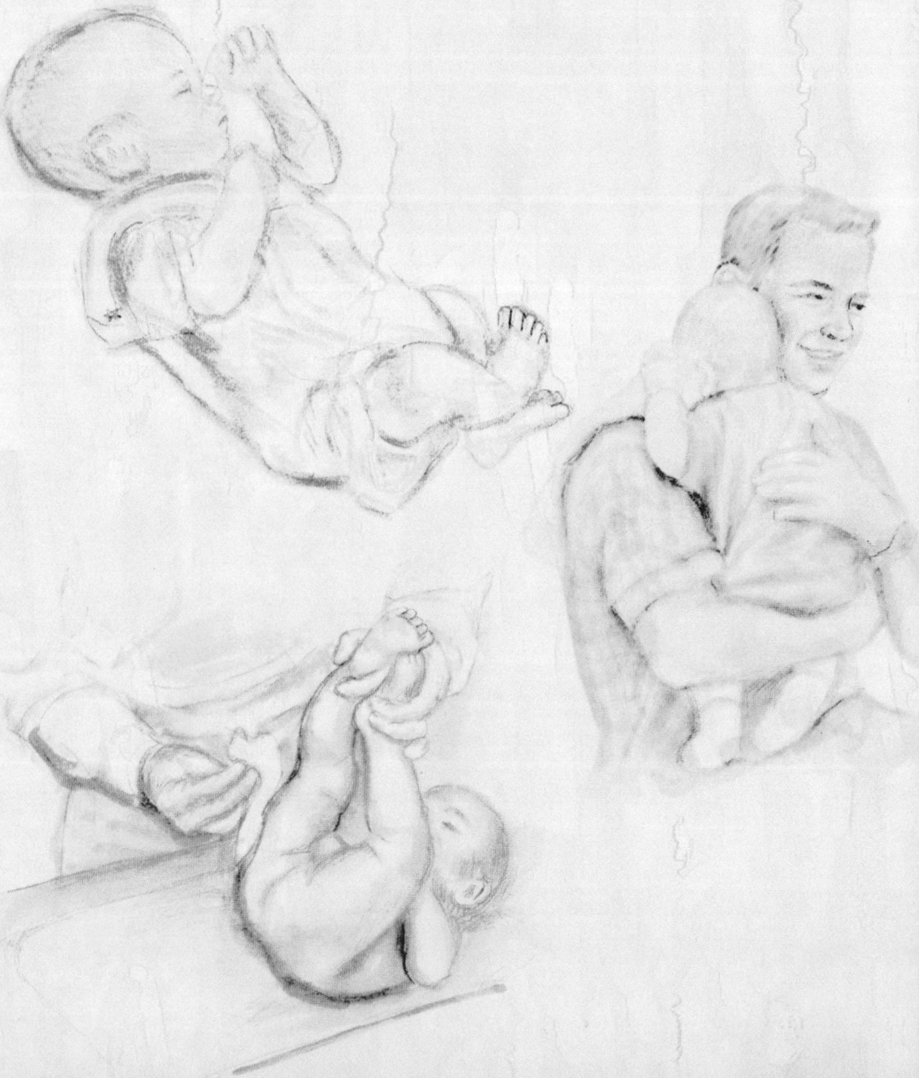

El aspecto que NO TENDRÁ tu bebé

La imagen que ves aquí es el aspecto que muchos padres imaginan que tendrá su hijo recién nacido; una versión en miniatura de ellos mismos: grande, de aspecto saludable y bien formado. Pero la verdad es que esta es la imagen de un niño de tres meses. Los niños recién salidos del útero tienen un aspecto muy diferente. De hecho, puede que tu hijo recién nacido no se parezca en absoluto a ti, ni a tu pareja ni a ningún miembro conocido de la especie.

Para familiarizarte con el aspecto físico de un recién nacido, estudia atentamente la imagen de la página siguiente. De esa manera no sufrirás ninguna sorpresa el día del parto. Y dado que tú tendrás una buena vista del niño mientras sale y tu pareja no, es probable que ella juzgue por lo que vea en tu cara. Lo último que quieres es darle un susto de muerte sin razón.

El aspecto que **SÍ TENDRÁ** tu bebé

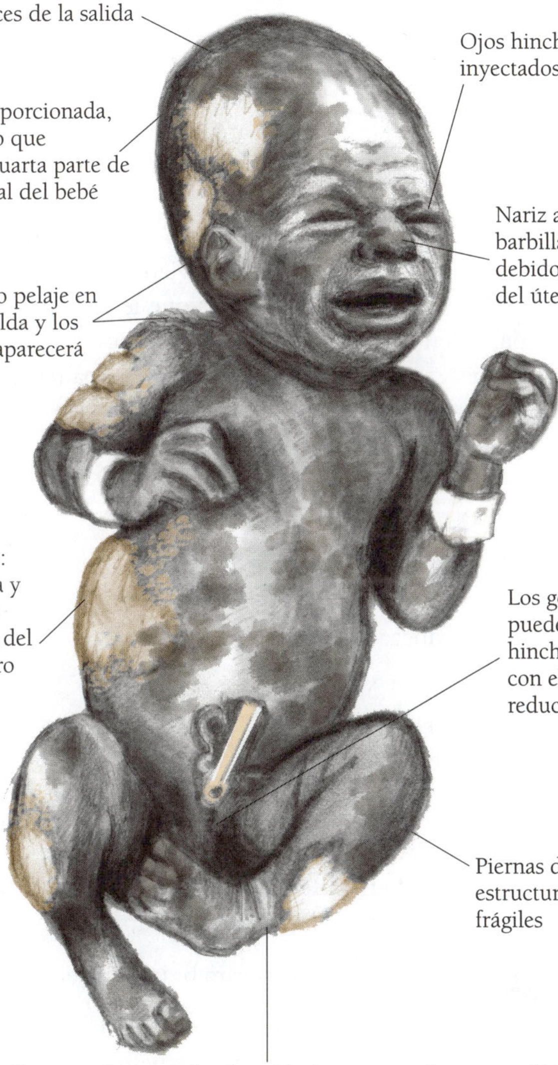

TU NEONATO: empieza a conocerlo

REFLEJO	Confirmado	Volver a probar más adelante
Giro	✓	
Moro		
Palmar		
Plantar		
Paso		
Rechazo		

Hablemos claro: cuando pasas tiempo con tu hijo recién nacido, tienes que encontrar maneras de crear tu propio entretenimiento. Realizar una prueba de los reflejos del pequeño es una forma perfecta de hacerlo. Saldrás de la experiencia con una valoración mejor de sus capacidades y habrás aprendido algunas cosas geniales para exhibirlas en la próxima reunión familiar.

Aunque parezca indefenso, el recién nacido viene preprogramado con un conjunto completo de reflejos que le ayudan a buscar y asegurarse la comida, evitar el peligro y salir de situaciones peliagudas. ¡Vaya, que si pudiéramos hacer que se cambiara él mismo el pañal…!

Veamos algunos de los reflejos más comunes y la manera de probarlos:

Reflejo de giro

Estímulo: acaricia la mejilla del bebé.

Respuesta: volverá la cabeza hacia la sensación.

Explicación: ayuda al bebé a encontrar el pecho o el biberón.

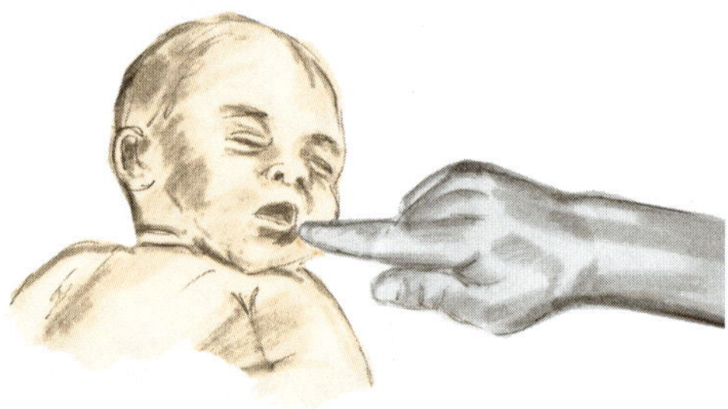

Reflejo de Moro (sobresalto)

Estímulo: dale al bebé la sensación de caída o haz, de repente, un ruido fuerte.

Respuesta: abrirá brazos y piernas bruscamente.

Explicación: le ayuda a conseguir el equilibrio o a emitir una señal de petición de ayuda.

Reflejos de agarre palmar (mano) y plantar (pie)

Estímulo: acaricia la palma de la mano y la planta del pie del bebé.

Respuesta: el bebé te cogerá el dedo con la mano y doblará los dedos de los pies hacia tu mano.

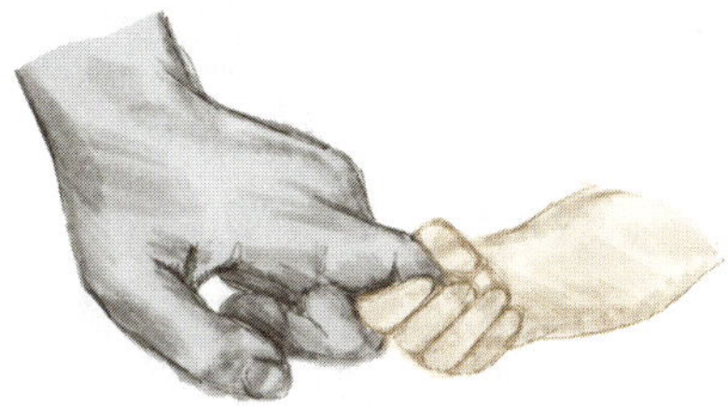

Explicación: ayuda al bebé a buscar y coger objetos con las manos. El reflejo plantar es un residuo evolutivo de los días en que teníamos que agarrarnos al pelaje de nuestra madre.

Los recién nacidos tienen un agarre tan fuerte que pueden colgarse de una barra, pero no pruebes a hacerlo en casa.

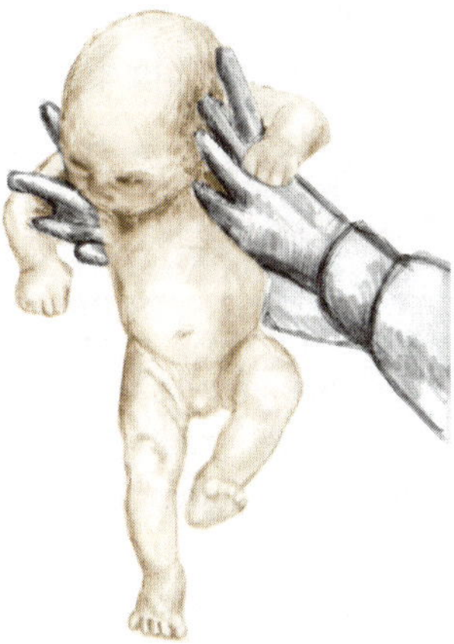

Reflejo de paso

Estímulo: coge al bebé por debajo de los dos brazos, ponlo derecho (sosteniéndole la cabeza con los dedos), con los pies apoyados en una superficie lisa.

Respuesta: levantará una pierna y luego la otra, como si caminara.

Explicación: puede ser un movimiento precursor del andar o una manera que tiene el bebé de apartar los objetos a patadas.

Reflejo de rechazo

Estímulo: con el bebé echado, acércale un objeto a la cara.

Respuesta: el bebé volverá la cabeza de un lado para otro, cerrará los ojos y tratará de apartarse.

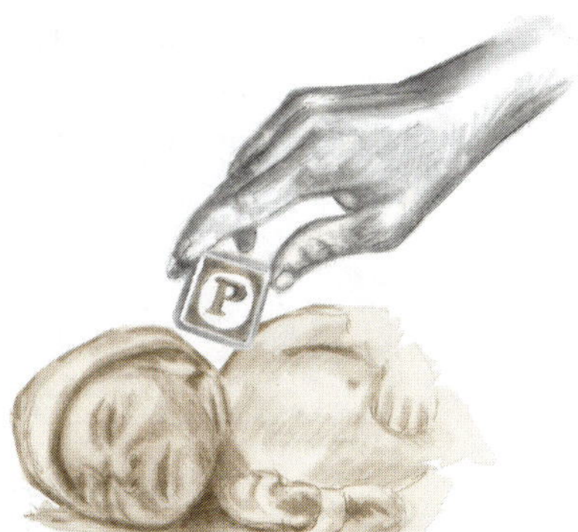

Explicación: defensa propia. (Lo prepara para jugar al balontiro con la pelota.)

La mayoría de reflejos suelen desaparecer después de unos meses, sea evolucionando y convirtiéndose en un acto consciente, sea desapareciendo por completo.

Dejar que cojan al BEBÉ

Al ver al bebé, tus amigos y parientes se dividirán en dos categorías: los asfixiadores y los desertores. Los primeros ahogarán al bebé con su afecto y los desertores se irán directamente al rincón más alejado de la habitación.

Siempre que estén sanos, es buena idea dejar que los amigos y la familia cojan al bebé. Tendrás unos momentos de libertad y, al mismo tiempo, podrás hacer una prueba secreta con vistas a posibles canguros.

Además, coger a un recién nacido en brazos es un rito de paso que hará que esas personas se sientan más cerca de ti. Les estás demostrando que les confías al heredero del trono y eso es algo que no olvidarán.

Pero antes de dejar que cojan al bebé, veamos algunas cosas que hay que tener en cuenta:

- Todos los que quieran coger al bebé en brazos tienen que lavarse las manos. Los virus, por ejemplo los resfriados, se transmiten a través del contacto físico. Así que si se estrecha la mano de alguien acatarrado y luego toca a tu bebé, te encontrarás a las tres de la madrugada tratando de descongestionar las fosas nasales del pequeño.
- Diles que se relajen. Los bebés, como los animales salvajes, tienen la habilidad de percibir el nerviosismo, así que cuanto menos tenso esté quien los coge en brazos, más posibilidades hay de que el pequeño se sienta cómodo.
- Si tú o el receptor os sentís algo inseguros, haz que se siente y cruce los brazos encima del regazo (mira abajo) y luego colócale al bebé encima. Cerciórate de que le sostienen la cabeza. Esta postura es especialmente buena para los pequeños.

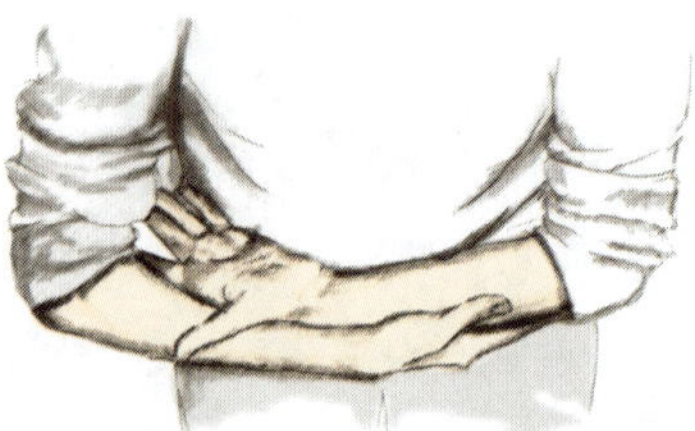

NEGAR EL ACCESO

Siempre hay algunas personas que te preguntarán si pueden coger al bebé y a las que tú, por las razones que sean, no te sientes cómodo dejándoselo. Puede ser su mirada, el olor a alcohol de su aliento o el poliéster de su chándal. Esta es una situación en la que probablemente tendrás que obedecer a tu instinto. Puedes usar las excusas que hay más abajo para que no insistan:

«El pediatra nos ha advertido que ese sarpullido que tiene es muy contagioso.»

«El bebé es alérgico al desodorante/el detergente/la laca.»

«Acaban de ponerle las vacunas y está muy irritable.»

«Tiene miedo de las personas con barba/gafas/aros en la nariz/pelo rizado.»

«Tiene diarrea y no quiero pagarte la factura de la tintorería.»

ERES el experto en audio y vídeo

Por el hecho de ser papá se espera que tengas un conocimiento innato de los artilugios electrónicos. Tanto si eres un genio del audio y el vídeo como un tecnófobo declarado, es probable que la tarea de documentar el primer año de tu bebé te corresponda a ti.

CÁMARAS DIGITALES

Si todavía no has ido a comprar una cámara digital, ¿a qué esperas? Los precios están cada vez más bajos y la calidad mejora constantemente. Y para un nuevo padre con muchas cosas entre manos, llevar película a revelar y luego ir a recogerla es un tiempo valioso que puede dedicar a echar una cabezadita.

Tienes que aprender a manipular tus fotos con el ordenador. Puedes recortar, cambiar el tamaño, ajustar los colores y luego imprimir tus favoritas. ¿Qué mejor manera de torturar a amigos y familia que enviándoles *e-mails* diarios de tu cambiante heredero?

Compra una cámara alta en megapíxeles (calidad de imagen), pero lo bastante pequeña para llevártela a todas partes. Compra también una tarjeta de memoria (tu «película» reutilizable) que ofrezca, por lo menos, cincuenta imágenes de alta resolución. Como los bebés son poco cooperativos por naturaleza (esos borboteos son su manera de decir «¡Nada de paparazzi!»), puede que necesites diez tomas para conseguir una buena.

Te recomendamos calurosamente que compres y cargues tu cámara y que pruebes todas sus características por lo menos un mes antes de la fecha prevista para el parto: no querrás estar peleando desesperado con la trampilla de la batería mientras el bebé está coronando.

Tres consejos para hacer fotos geniales del bebé

Añade variedad. Por muy mono que sea tu bebé, nadie quiere aguantar veinte fotos de él tumbado en una manta. Para hacer que la experiencia de ver fotos sea más digerible, tienes que añadir interés. Viste al bebé con prendas divertidas, que no hagan juego, haz que varios miembros de la familia intenten imitar su cara mientras lo tienen en brazos, rodéalo de gnomos de jardín o de soldados, ponlo en una gran bandeja... cualquier cosa para hacer la toma más dinámica.

Usa siempre la resolución más alta. Nunca se sabe cuándo vas a captar esa imagen perfecta para la tarjeta de Navidad y no querrás que haya quedado granulosa.

Usa el disparador automático. Dentro de veinte años querrás que tu hijo sepa que, en otro tiempo, tenías pelo. Así que pon la cámara en un trípode, un tocón o en el cochecito, activa el disparador y aparece en algunas tomas. Que seas el archivero de la familia no significa que no seas tú también archivable. (Una vez dicho esto, también es una buena idea que le enseñes a tu pareja a usar la cámara.)

LAS CÁMARAS DE VÍDEO

El vídeo es el medio perfecto para captar el desarrollo de tu criatura. Cada fragmento de vídeo que filmes es una cápsula del tiempo para esa etapa particular de su progreso físico, emocional y verbal. Y con una cámara fija no es posible captar todo el efecto de la leche regurgitada deslizándose por el cuello de tu pareja.

Si no tienes una cámara de vídeo digital quizá deberías comprar una. Las digitales ofrecen una imagen y sonido superiores y no hay pérdida de calidad en la transferencia. Y lo más importante de todo, puedes descargar el vídeo en tu ordenador y montarlo, eliminando las partes largas y aburridas antes de enseñárselo a nadie. Recuerda que el hombre medio puede soportar un máximo de cinco minutos de vídeo de un bebé, así que haz un montaje prudente en extremo.

Dos rasgos importantes son el tamaño y la resistencia. Comprueba que la cámara encaje con comodidad en una sola mano y que sea fácil llegar a los botones de grabación y de zoom. Para enterarte de la resistencia, llama a la tienda de reparaciones de aparatos electrónicos del vecindario y pregunta qué modelos de cámara les llegan con menos frecuencia. Casi seguro que, en algún momento, se te caerá la cámara al suelo y no te interesa un modelo que se autodestruye con el impacto.

Todos tus colegas estarán embelesados con tu bebé.

La pantalla giratoria hace que sea fácil meterse en la acción.

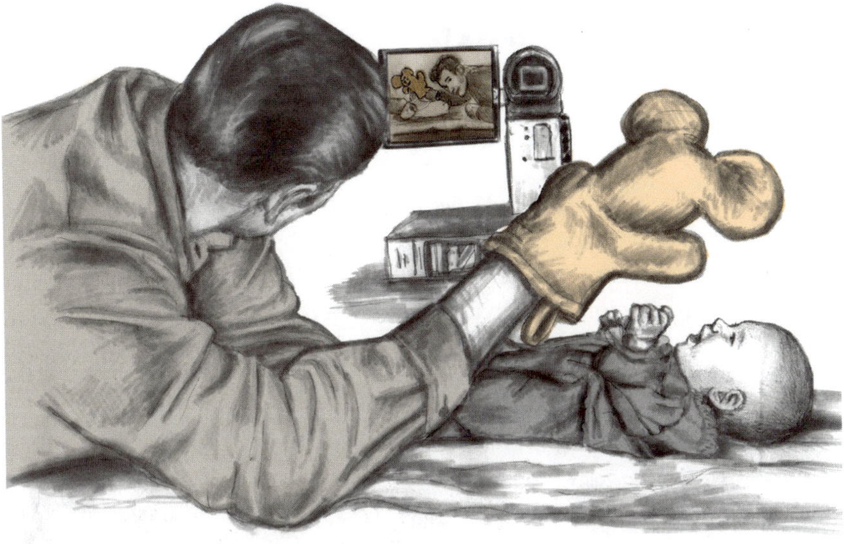

Consejos para hacer vídeos espectaculares del bebé

No te reserves la grabación para los cumpleaños y las vacaciones. Los momentos de cada día suelen ser los más cautivadores. Ver cómo un bebé tira una torre de piezas es más apasionante que ver cómo lo bautizan.

Métete en la acción. Coloca la cámara, gira la pantalla LCD 180 grados y aprieta «grabar». De esta manera verás exactamente lo que capta la cámara y cuánto puedes moverte sin quedar fuera del encuadre.

Ten a mano una batería de repuesto. Los monitores LCD tienden a gastar mucha energía, así que contar con una batería extra, totalmente cargada, significa que nunca tendrás que dejar tu sesión de vídeo antes de acabar.

Al suelo y no temas mancharte. Filmar a un bebé desde la altura de tu cabeza es muy poco favorecedor para él. Lo hace parecer aún más corto, pequeño y cuadrado de lo que ya es. También nos da una visión distorsionada de su cara. Para conseguir los mejores resultados, túmbate boca abajo y fílmalo desde el nivel de los ojos.

Por qué puede que tu pareja no esté FUNCIONANDO como es debido

El cuerpo de tu pareja acaba de pasar por el equivalente a un descarrilamiento de trenes y puede que pase buena parte de las primeras semanas tirada en el sofá, la cama, la bañera o el suelo... básicamente en cualquier sitio que le proporcione un alivio momentáneo. Puede que no se peine ni

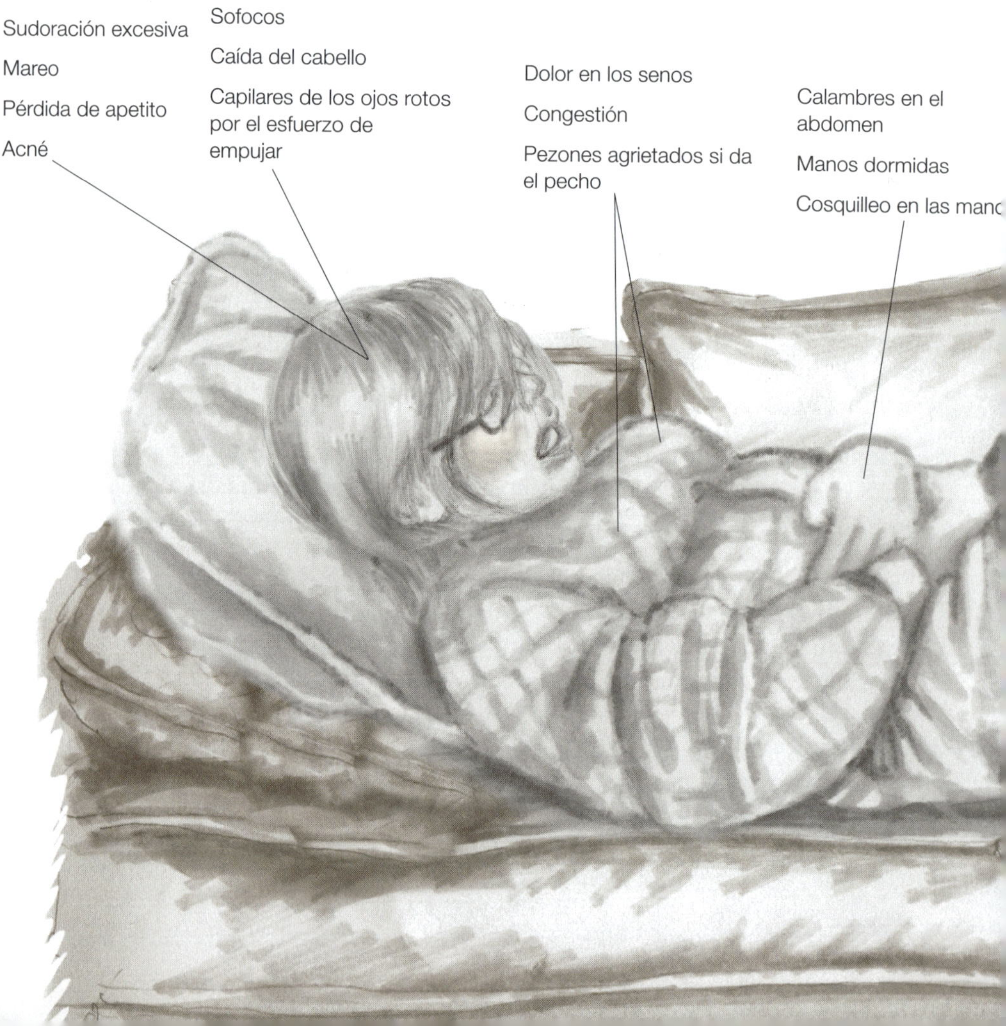

se lave los dientes ni se cambie de ropa durante días y días y se pase la mayor parte del tiempo vestida con tus camisas y pantalones de chándal más anchos.

Pero no temas. Si el proceso de curación va bien, se despojará de esas prendas y recuperará sus hábitos de higiene personal al cabo de unas tres semanas después del parto.

A continuación, algunas de las afecciones más comunes relacionadas con el parto.

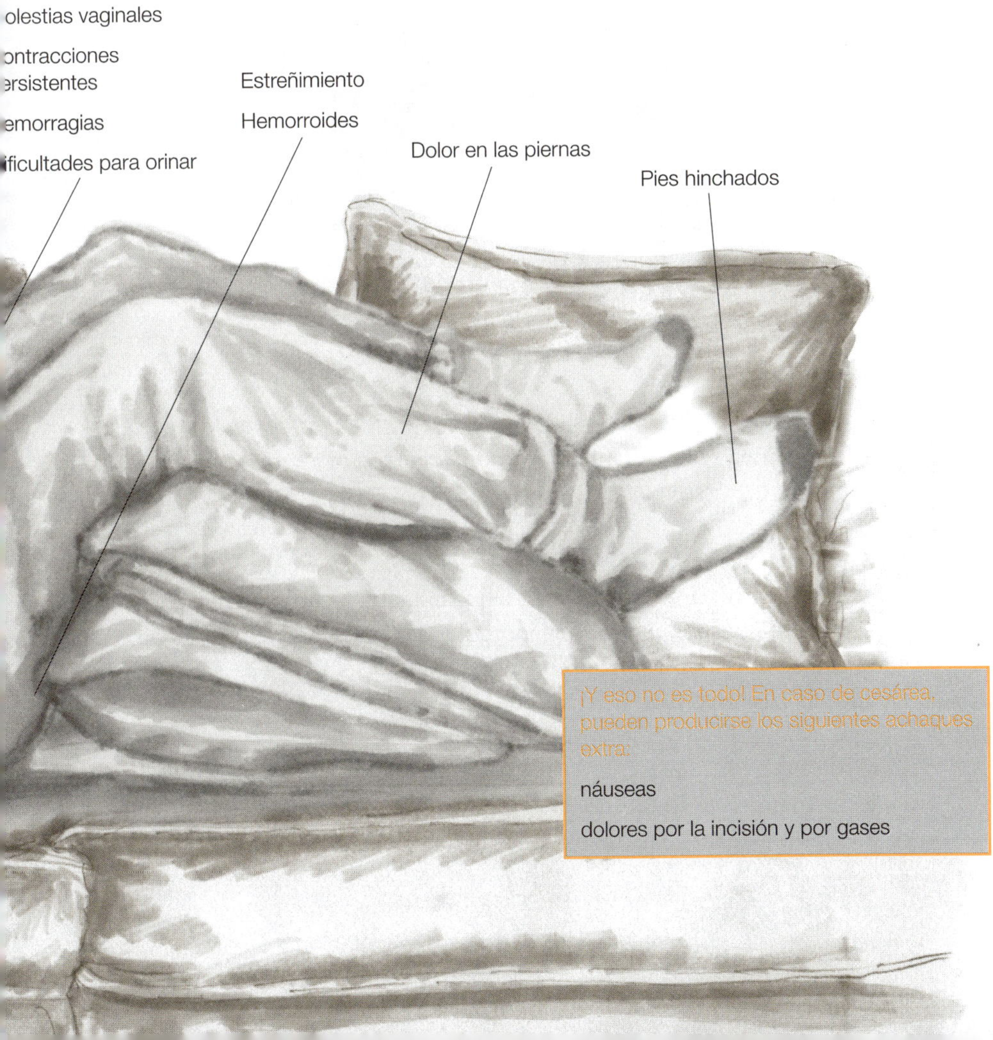

PECHO frente a BIBERÓN

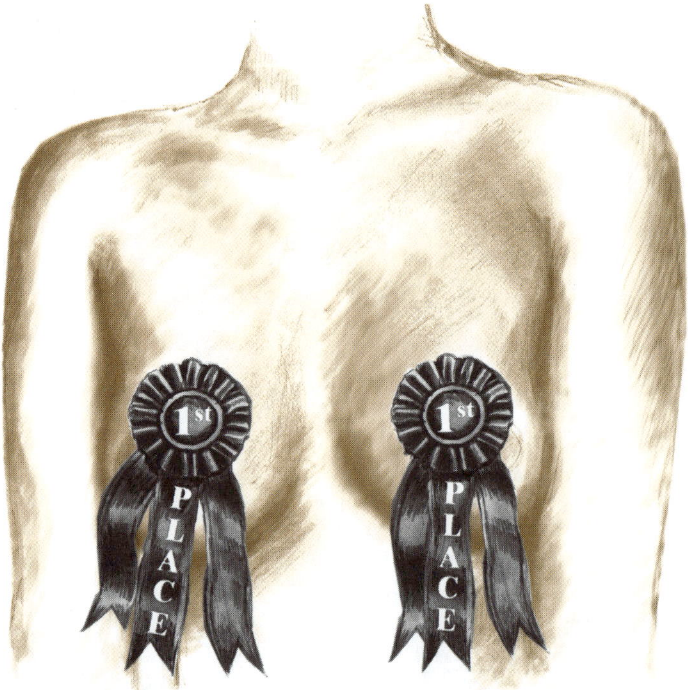

¿Leche materna o biberón? Puede que la mejor manera de decidir esta cuestión antiquísima sea mediante una comparación cara a cara, tema a tema, sin ningún tipo de restricciones.

Nutrición

Ganador: **la leche materna**

En tanto que producto nutricional, la leche materna no tiene igual. No solo contiene anticuerpos que protegen contra las enfermedades y las alergias, sino que se adapta a las necesidades nutricionales del bebé según va creciendo. Es casi increíble.

Comodidad

Ganador: **la leche materna**

La leche materna es lo último en comida rápida. Ya viene envasada, calentada y lo mejor de todo, nadie puede equivocarse en el pedido.

Coste

Ganador: **la leche materna**

A menos que tu pareja te cobre por cuarto de litro, la leche materna gana fácilmente en este terreno. Además, los bebés alimentados al pecho regurgitan menos, lo cual reduce las cuentas de la tintorería.

Olor

Ganador: **la leche materna**

Los pañales de los bebés alimentados al pecho no tienen casi ningún olor. Se cree que se trata de una adaptación biológica para alejar a los depredadores. Así que si vivís cerca de dingos salvajes, decídete, sin dudarlo, por la leche materna.

Recuperación posparto de la madre

Ganador: **la leche materna**

Amamantar ayuda a que el útero se retraiga hasta su tamaño original (siento que hayas tenido que leer esto) y favorece la eliminación del exceso de peso del embarazo. (¿Y ahora qué? ¿No te alegras de haber leído hasta el final?)

Nivel de estrés de la madre

Ganador: **el biberón**

Al dar el pecho las mamás tienen que enfrentarse a muchas cosas: dolor al amamantar y al producir leche, agotamiento por coger el sueño en períodos de dos horas y la preocupación constante de que el niño tome suficiente alimento. Es una vida muy dura y necesitará tu apoyo.

Resultados:
pecho 5, biberón 1

Conclusión: si tu pareja puede dar el pecho, probablemente es una buena idea que lo haga. Si no, no te preocupes. Casi todos los nacidos entre los cincuenta y los setenta fueron alimentados con biberón y son ellos los que ahora dirigen el país. Con todo, tienes que hacer todo lo que puedas para alimentar a tu hijo con leche materna.

Di adiós al PECHO

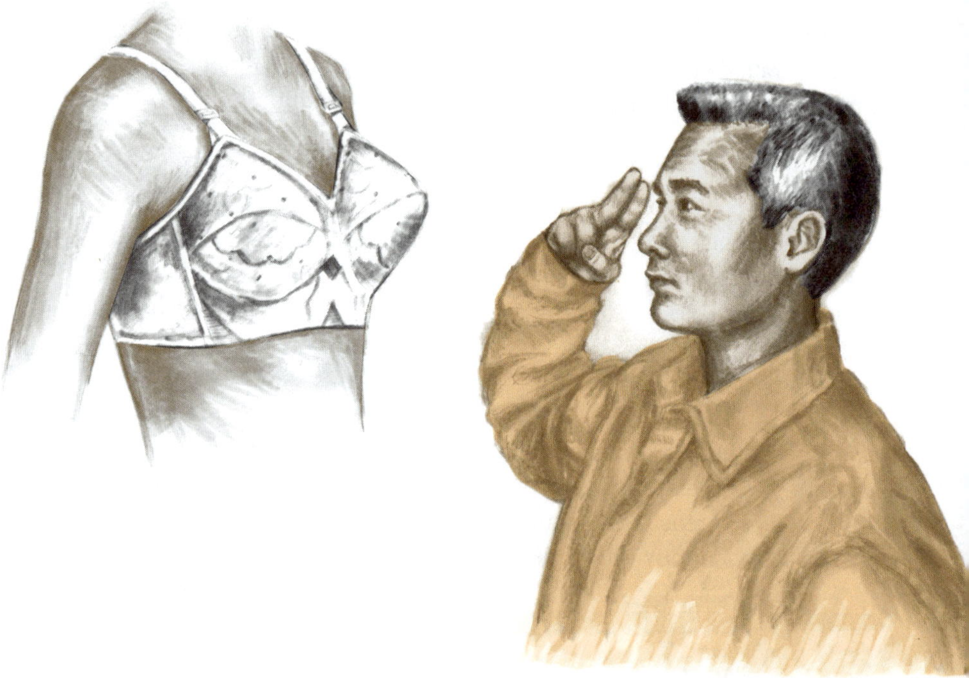

Desde el momento en que tu pareja empieza a amamantar, para ti sus senos son zona prohibida. Los derechos de propiedad han sido oficialmente transferidos al bebé. Puede que en algún momento te ofrezcan que los compartas por un tiempo pero, entretanto, sigue ocupándote de tus asuntos y haz caso omiso de la exhibición de glándulas mamarias delante de tus narices día y noche. Y ni se te ocurra pensar en la ironía de que justo en el mismo momento en que te están prohibidos, sus pechos son más grandes y firmes de lo que nunca han sido antes (ni volverán a ser).

Ver cómo tu pareja da el pecho puede disparar unos celos dobles. Estás celoso del bebé por disponer de libre acceso al cuerpo de tu pareja y estás celoso de tu pareja porque puede sosegarlo y alimentarlo ofreciéndole el pecho, mientras que tú tienes que hacer malabarismos para tranquilizarlo.

Pero que tu cuerpo no produzca ese brebaje no significa que hayas quedado descolgado del frente del amamantamiento. Hay estudios que demuestran que la ayuda y el apoyo del padre es un factor clave en el tiempo y la eficacia con que una madre da el pecho.

Prepárate para ayudar:

- Esterilizando y montando las diversas partes del sacaleches.
- Corriendo en busca de compresas calientes en caso de obstrucción de un conducto.
- Controlando alguna de las tomas nocturnas para que ella pueda permanecer semidormida.

Para encargarte de una toma nocturna, acerca el bebé al pecho, ayúdale a agarrarse, pásalo de un pecho al otro, hazlo eructar, cámbiale los pañales y vuelve a ponerlo a dormir. Tu pareja agradecerá el esfuerzo y quizá te conceda ese tiempo compartido.

Y después de los primeros meses, puedes —y tendrías que exigirlo— darle su primer biberón. Es una experiencia muy placentera, seguida de otro momento gozoso, su primer eructo de biberón, que, debido a las burbujas de aire al tragar, suele ser más abundante y profundo que los del pecho.

Tú, el vigilante nocturno.

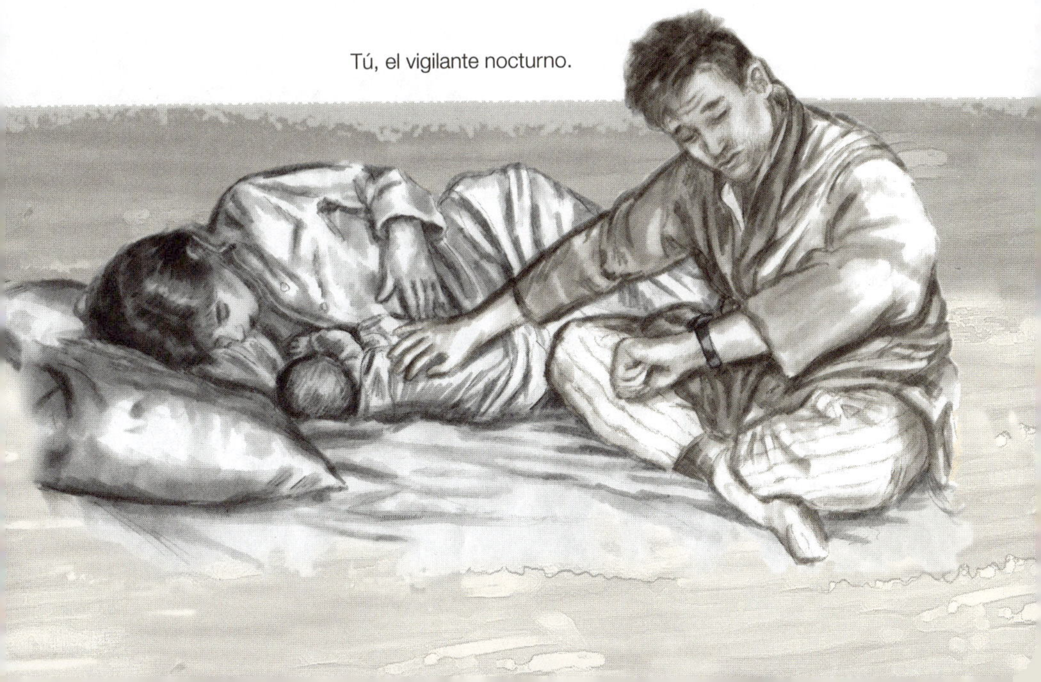

El encanto de los ERUCTOS

Hacer eructar a un bebé es una buena tarea para un papá porque, al contrario que la mayoría de los primeros cuidados a un bebé, está orientada a los resultados. Realizas una serie específica de maniobras y casi siempre recibes su compensación. Y cuando oyes ese mágico ruido de tripas, no puedes menos que pensar: «Es uno de los míos».

Hay tres sistemas para hacer eructar, cada uno destinado a que el bebé regurgite en una parte diferente de tu ropa. Por esa razón necesitarás un paño o, en algunos casos, una lona impermeable. Si llevas puesto algo decente, es mejor que cuentes con la máxima protección posible.

Método A

La cabeza del bebé reposa en tu hombro y tu brazo está debajo de su trasero. Usa el otro brazo para frotarle o darle suaves palmaditas en la espalda.

Método B

Sienta al bebé en tus rodillas, de espaldas a ti. Inclínalo ligeramente hacia adelante, sin dejar de sostenerlo por el pecho y la barbilla con una mano, mientras le ayudas a eliminar el aire con la otra. No dejes de sostenerle la cabeza.

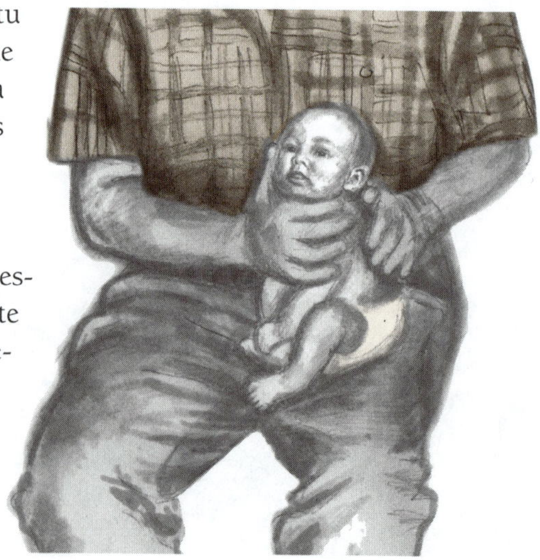

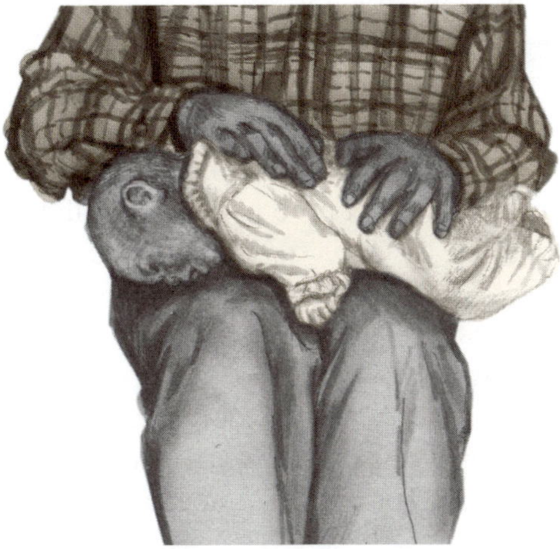

Método C

Pon al bebé boca abajo encima de tus rodillas con la cabeza reposando en una rodilla y la barriga en la otra. Sostenle el trasero con una mano y ayúdale a eructar con la otra.

Una vez que el bebé logre sostener la cabeza solo, puedes usar la siguiente técnica para hacer salir las burbujas de aire realmente resistentes: sienta al bebé sobre tus rodillas, sostenlo con ambas manos y mueve su cuerpecito lentamente de un lado a otro y en círculo antes de hacerlo eructar. Eso puede ayudar a que asciendan burbujas de aire y dar como resultado una regurgitación menor. Ten cuidado de no inclinarlo demasiado en un sentido o en otro.

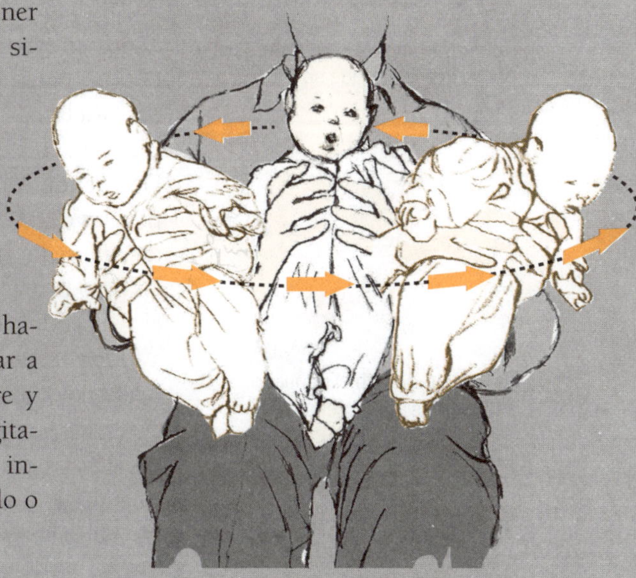

Es buena idea hacer eructar al bebé dos veces durante una toma, a la mitad y al final. El eructo de la mitad hará que el bebé tenga espacio para el segundo plato.

El cambio BÁSICO

Dado que vas a cambiar más de 2.500 pañales durante el próximo año, vale la pena que aprendas la técnica adecuada. Un procedimiento descuidado puede tener como consecuencia que se escapen el pis o la caca, sarpullidos y, claro, suciedad en su ropa o en la tuya.

Para mayor seguridad, coloca un pañal limpio debajo del sucio.

Pon un dedo entre los tobillos del bebé para evitar que se rocen.

Asegúrate de que el pañal no esté demasiado apretado.

Necesitarás:

Un pañal limpio.
Toallitas húmedas y una manopla para lavar.
Para cambiarlo, una mesa u otra superficie limpia, lisa y plana sobre la que colocar al bebé.

Procedimiento:

1. Levanta las piernas del bebé usando la presa de tobillo (pulgar alrededor de una pierna, índice entre las piernas y el resto de dedos alrededor de la otra pierna).
2. Pon un pañal limpio debajo del sucio, solo por si el bebé decide soltar carga a medio cambiar.
3. Desprende las lengüetas del pañal sucio y pégalas de nuevo sobre sí mismas, para evitar que se le peguen al bebé.
4. Usando la presa de tobillo, quita el pañal sucio, dejando a la vista el limpio. Asea al bebé a fondo. Para los niños, pon enseguida una toalla por encima de los genitales para evitar el surtidor. Para las niñas, limpia de adelante hacia atrás, para evitar infecciones vaginales.
5. Introduce la parte delantera del pañal limpio entre las piernas del bebé y disponlo sobre su barriga; sujeta la parte delantera y la trasera con las lengüetas adhesivas. Si no puedes meter dos dedos entre el bebé y el pañal es que está demasiado apretado.

No dejes nunca a un bebé sin vigilancia encima del cambiador.

El recién nacido y los animales de COMPAÑÍA

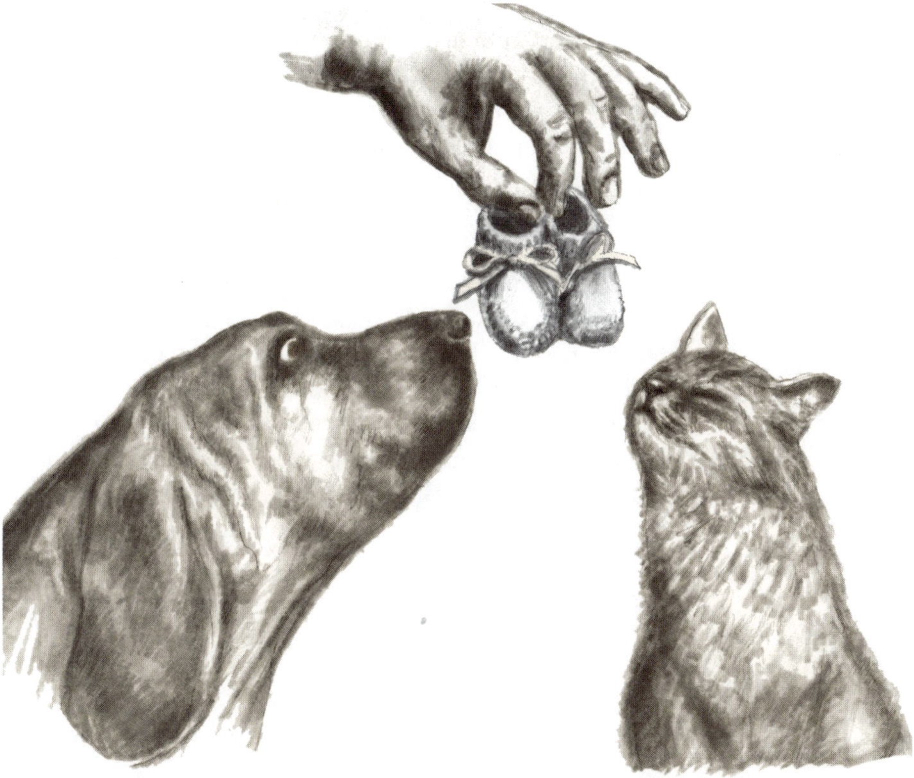

PERROS

Tu perro ve el mundo de una forma algo diferente que tú. Para él, tú eres el macho alfa, tu pareja la hembra alfa y los tres formáis una manada. Al llegar el bebé, puede que tu perro sufra varias semanas de depresión posparto. Pero si todo va bien, el pequeño no tardará en ser aceptado como el alfa *junior*, con todos los beneficios de pertenecer a la manada: protección, lealtad e incesantes lamidos por la cara.

Antes de que llegue el bebé

- Los perros aprenden por asociación; no querrás que el perro asocie al bebé con cosas negativas como que su tiempo de juego se reduce, que lo echen de la habitación y que cambien de sitio su plato. Si vas a hacer cambios, es importante que los hagas por lo menos un mes antes de que llegue el bebé.
- Pon una grabación de un niño que llora para que el perro se acostumbre a los fuertes y penetrantes chillidos. Los perros tienen un agudo sentido del oído y puede que se asusten al oírlo por primera vez, pero con el tiempo se adaptarán. También puede ser útil para que tú te acostumbres. Puedes bajarte una grabación de llanto de tres minutos en www.beprepared.net.
- Algunos expertos en perros aconsejan que varios meses antes de la fecha prevista para el parto, juegues a «hacer como» con una muñeca para aclimatar al perro a la nueva dinámica familiar. El perro te observa cambiar, alimentar, cantar y acostar a la muñeca. Sin duda es una opción, pero puede ser más fácil y menos humillante pedirle a un amigo que traiga a su bebé a tu casa de vez en cuando.
- Cerciórate de que tu perro comprende las voces de mando «¡Abajo!», «¡Quieto!», «¡Suelta!», y si no es así, adiéstralo. Además, llévalo al veterinario para comprobar que todas sus vacunas están al día y que está libre de parásitos. Asimismo, asegúrate de que habrá alguien que lo cuide mientras tú estás en el hospital atendiendo a la voz de mando «¡Respira!».

Posparto

- Poco después del parto, coge una prenda que el bebé haya llevado puesta y dásela al perro para que pueda establecer el vínculo por el olor.
- Al llegar del hospital, tu pareja debería acariciar al perro primero, mientras tú tienes al bebé. Tu pareja ha estado fuera unos días y el entusiasmo natural del perro le llevará a dar saltos y armar alboroto. Cuando se haya calmado, ponle la correa al perro y deja que vea al bebé desde una distancia de tres metros. Luego acércalos el uno al otro lentamente. Si el perro sigue tranquilo, déjale que huela al bebé.
- No dejes que el perro lama la cara al bebé durante los primeros meses. El sistema inmunitario del pequeño todavía es inmaduro y la lengua del perro ha pasado por lugares que es mejor no pensar.
- No se debe dejar solo al bebé ni siquiera con el perro más manso del mundo. Reprende de inmediato cualquier conducta agresiva y recompensa el buen comportamiento.

Si todo va bien, tu bebé y tu perro llegarán a ser inseparables.

Una mosquitera para la cuna en forma de tienda puede transformar la cuna de tu bebé en una litera.

GATOS

Casi todos los consejos para los perros son aplicables a los gatos, aunque quizá no tengas tanta suerte al darles órdenes. Como los gatos se sienten atraídos instintivamente hacia los objetos que se mueven, no suelen sentir interés por los recién nacidos. Una vez dicho esto, nunca es buena idea dejarlos a los dos solos, juntos en una habitación.

A los gatos les encanta acurrucarse contra los cuerpos calientes y pueden intentar meterse en la cuna con el bebé dormido, lo cual no es bueno, porque el animal podría, sin intención, arañar, morder o incluso asfixiar al bebé. Veamos dos maneras de asegurarse de que el gato no se meta en la cuna.

- Cuando hayas puesto la cuna en su sitio (varios meses antes del parto), pon encima algo que al gato le resulte muy desagradable tocar: un trozo de cartón del tamaño de la cuna cubierto con papel adhesivo doble para que las patas se les pongan pegajosas; o bien papel de aluminio, porque los gatos detestan el sonido crujiente. Después de una o dos experiencias desafortunadas, el gato debería olvidarse de la cuna.
- Compra una tienda mosquitera que encaje bien sobre la cuna y le impida el acceso. Puede que el gato acabe colocándose en la parte superior de la tienda y se convierta en un móvil viviente.

Cómo entretener a un RECIÉN NACIDO

Una de las mejores, la única, maneras de jugar con tu hijo recién nacido es por medio de juegos de estímulo-respuesta, en los que le presentas diversos objetos o sensaciones y esperas su reacción. Y sí… quedarse mirando sin expresión se considera una reacción.

Los siguientes juegos se centran en el desarrollo sensorial:

Vista

Los ojos de un recién nacido se enfocan mejor sobre objetos que estén a unos treinta centímetros de su cara; no pueden ver los colores.

Tréboles y picas

En una baraja francesa separa los tréboles y las picas y sostenlos delante de la cara del bebé. Lentamente, abre las cartas en abanico, ciérralas de nuevo y vuelve a abrirlas. Enséñale una escalera real, y a ver si puede mantener cara de póquer.

Oído

El oído está completamente desarrollado en los recién nacidos, que parecen preferir las voces agudas a las graves; eso explica posiblemente por qué usamos ese tono especial para hablar con los bebés.

Seguir el sonido

A un lado del bebé, arruga una bolsa, sacude una lata de frutos secos o haz tintinear tus llaves hasta que vuelva la cabeza hacia el sonido; entonces haz lo mismo del otro lado.

Tacto

El tacto es el primer sentido que empieza a desarrollarse dentro del útero y al nacer está bien desarrollado. Algunas zonas son más sensibles que otras. Las que muestran mayor sensibilidad son las palmas de las manos, las plantas de los pies y la zona de alrededor de la boca.

Buffet de texturas

Frota suavemente diferentes zonas de la piel del bebé con objetos de texturas variadas. Puedes usar una esponja limpia húmeda, una corbata de seda, el forro de piel de un guante y la bomba de bicicleta para enviarle aire.

Olfato

Los recién nacidos tienen un agudo sentido del olfato y al cabo de un par de días muestran una clara preferencia por el olor de la leche de su madre.

Existencias del frigorífico

Saca un puñado de alimentos olorosos del frigorífico —queso, cebollas, encurtidos y pescado son buenas opciones— y sostenlos junto a la nariz del recién nacido. Espera la reacción. Si no estás seguro de si el yogur se ha estropeado, puede que su cara te dé la respuesta.

Gusto

Las papilas gustativas del bebé empezaron a desarrollarse en el útero y ahora mostrará una clara preferencia por los sabores dulces sobre los ácidos. Pero sabiendo que los bebés no pueden tomar más que leche materna o en polvo durante unos seis meses, tendrás que dominar tus impulsos de hacerle chupar un trozo de limón.

LA PRUEBA DEL RECONOCIMIENTO FACIAL

Muéstrale al bebé las tres caras de esta página. ¿Ves cómo se inclina hacia la cara reconocible? Esta preferencia por las caras está genéticamente incorporada y ayuda a que el recién nacido establezca el vínculo con sus padres. Si, por casualidad, tu bebé prefiere una de las otras caras, quizá tengas que vértelas con un Picasso en ciernes.

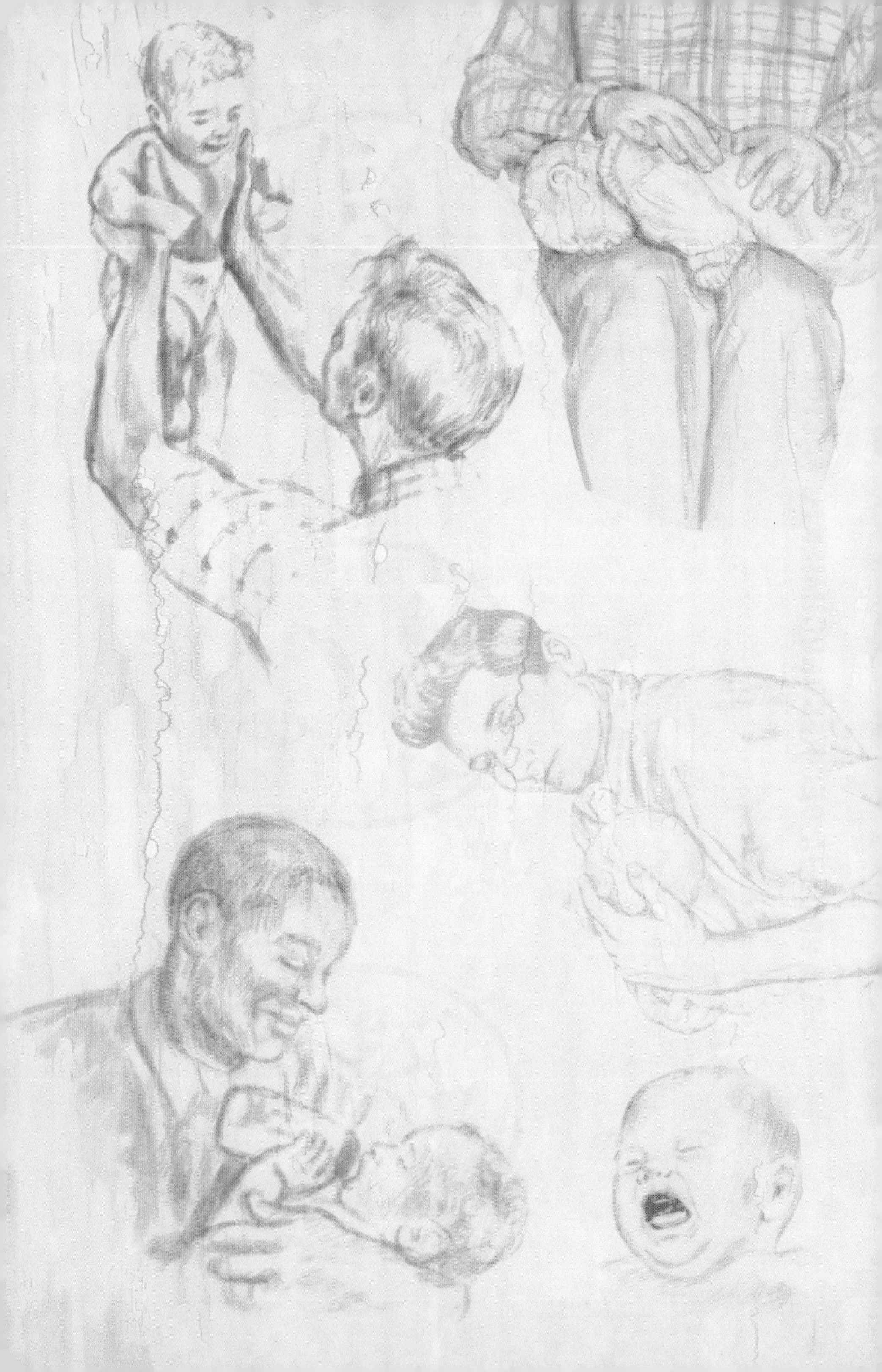

DE 0 A 3 MESES

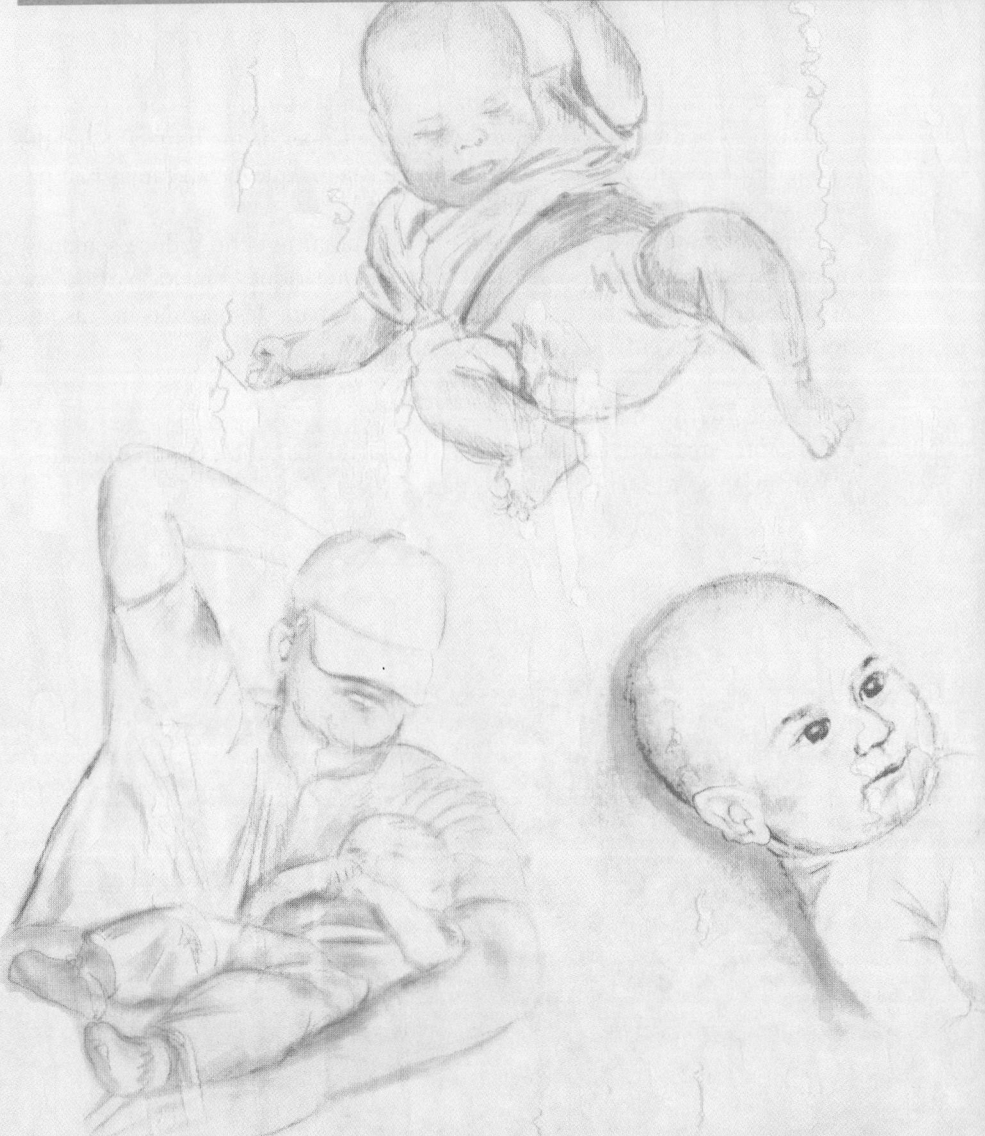

El bajón del PRIMER MES

La paternidad puede caerte encima como un golpe a traición. Llega el bebé y te inundan de ayuda, regalos y comida durante una semana o dos; luego todos se marchan y de repente te acomete la sensación abrumadora de que nada volverá a ser igual que antes, nunca más. Alguien se ha llevado tu antigua vida y la ha sustituido por este proyecto de servicio a la comunidad, muy largo y frustrante.

Durante el primer par de semanas después del parto puede que te sientas nervioso, deprimido y solo. ¿Por qué no? Estás completamente a merced de un pequeño dictador implacable y no hay auxilio a la vista. Pero mientras te estás revolcando en la autocompasión, es importante recordar que no estás solo. Los padres de todo el mundo, desde Copenhague hasta Ciudad del Cabo, desde los magnates de la industria hasta los que cavan zanjas han pasado, todos, por este duro trance.

Para la mayoría de padres, esta fase dura entre ocho y doce semanas, momento en el cual pasas a la fase «Más vale que saque el mejor partido posible». Son varios los factores que se combinan para despejar las negras nubes de tu cabeza, entre ellos los siguientes:

- El bebé duerme más.
- Te sientes más apto para encargarte y resolver los problemas inesperados.
- Por fin, te sonríe (el bebé, no tu pareja).

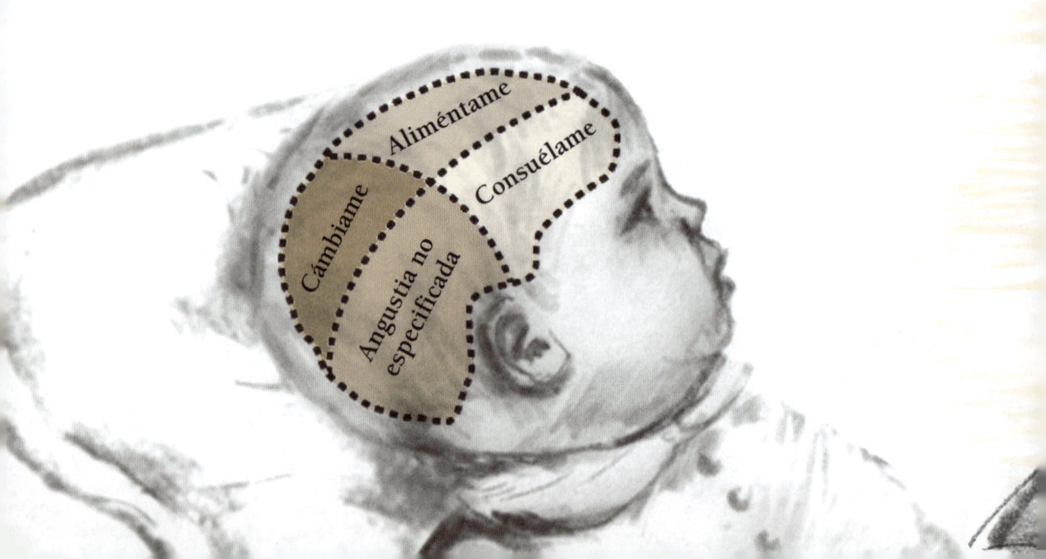

Si este período dura más de tres meses o empiezas a sentirte completamente abrumado o retraído, habla con tu pareja y tus amigos y piensa en buscar ayuda profesional.

Las mamás y los cambios DE HUMOR

¡Papá, alerta! Si pensabas que el síndrome premenstrual de tu pareja era difícil de manejar, entonces prepárate para la ira de los CHPP (cambios de humor posparto). A menudo nos referimos a esta dolencia que afecta a tres de cada cuatro nuevas mamás como los *Blues* posparto o *Baby Blues*, pero la palabra *blues* no le hace justicia.

Hablando claro, no sabrás por dónde abordar a tu pareja, así que espera lo inesperado. En un momento te chillará por poner mal un pañal y al siguiente te acusará de no ayudarla. Puede que te destierre al sótano y luego te critique por no ser romántico. Procura pensar en ello como tu penitencia por no haber sufrido los dolores del parto.

Recuerda que buena parte de esta conducta se escapa a su control. Justo después del parto, sus niveles hormonales pegan botes como si fueran pelotas de ping-pong, causando estragos en su química cerebral. Así que cuando la veas tirando con rabia el sacaleches al otro lado de la sala, piensa en dedicarle un poco más de tiempo.

Los CHPP pueden durar desde un par de días hasta un mes o más. Puede ser realmente duro para un padre, en especial porque tú también estás tratando de adaptarte al bebé. Pero dado que irte a una habitación de hotel no es una opción, tienes que hacer lo que puedas para ayudarla a superar ese tiempo difícil.

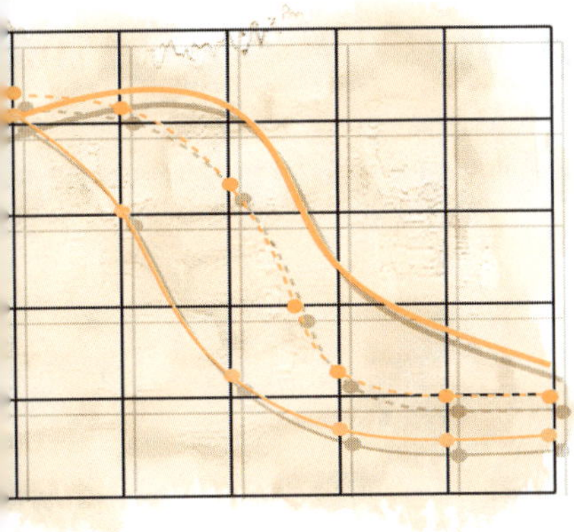

Si aplicas los cuatro principios siguientes, las cosas serán más fáciles para los dos:

Principio n.º 1: oídos abiertos, boca cerrada

Los hombres tienden a ser arregladores por naturaleza. Ven un problema y buscan la solución. Claro que es lógico, pero en este caso puede salirte el tiro por la culata. A lo mejor tu pareja necesita consuelo, no un plan de acción de diez puntos.

Principio n.º 2: bórralo del archivo

Piensa en todas las cosas agresivas que has dicho después de cuatro o cinco cervezas. Ahora piensa que ella está bajo la influencia de unas sustancias químicas con una capacidad mucho mayor para alterar la mente que las Budweiser. Dentro de seis meses, quizá ni siquiera recuerde algunas de las cosas que te ha llamado. (De todos modos, tendrías que anotarlas, solo por si acaso.)

Principio n.º 3: constituye un ejército de un solo hombre

No esperes mucho de tu pareja en estas primeras semanas. Puede que tengas que hacerlo todo tú, salvo darle el pecho al bebé, así que prepárate para llevar la carga. Consigue el apoyo de la familia y encarga mucha comida hecha.

Principio n.º 4: sácala por ahí

El aislamiento contribuye enormemente a los CHPP, así que cuanto antes disfrute de un cambio de escenario, más rápidamente se recuperará. Recuerda que los bebés son muy fáciles de transportar, o sea que tómalos, a ella y al bebé, y da una vuelta a la manzana. El ejercicio la ayudará a ponerse en forma de nuevo y liberará las endorfinas que pueden levantarle el ánimo.

Depresión posparto

Esta dolencia es mucho más seria que el CHPP y afecta a alrededor del diez por ciento de mujeres. Si el estado emocional de tu pareja afecta gravemente a su capacidad de hacer o si los problemas duran más de un mes, aconséjale que consulte a su ginecólogo. Si se resiste, puedes mencionar que sus molestias son muy fáciles de tratar y que cada día que deje pasar es un día menos que podrá disfrutar del pequeño.

Cómo lavar a tu vástago

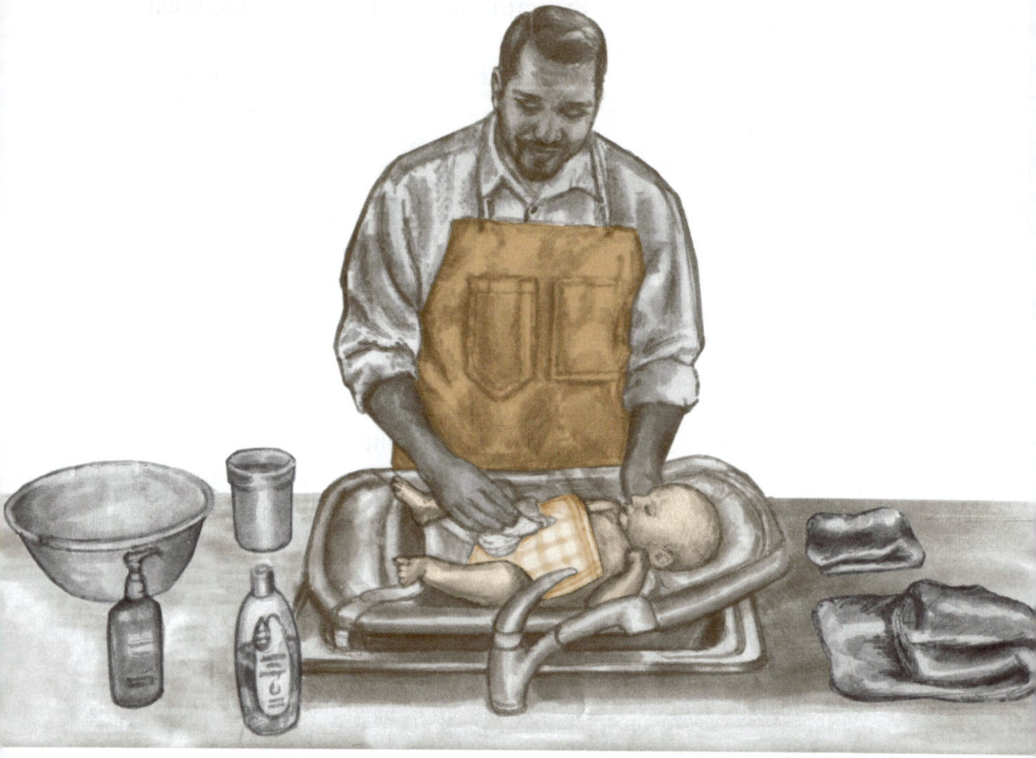

Bañar a un bebé es una misión que exige una mano firme y nervios de acero, por lo cual es un reto perfecto para un padre.

Para ser un segmento de la población que se pasa el día sin hacer nada, es sorprendente cuánto se ensucian los recién nacidos. Ese limpio perfume a recién nacido puede ceder el paso rápidamente a la peste a leche agria si se tarda demasiado en lavar al bebé. Báñalo cada dos días o con la frecuencia que te parezca necesaria, pero si se le empieza a resecar la piel, tendrás que espaciar los baños.

No le des un baño hasta que se caiga el cordón umbilical y, si es un niño circuncidado, hasta que la herida haya cicatrizado. Antes de eso limítate a limpiarlo con una esponja.

Lista del equipo de baño

- ❑ Una bañera para bebés u otro utensilio para baño
- ❑ Una jofaina de plástico
- ❑ Una taza o vaso de plástico
- ❑ Jabón y champú para bebés
- ❑ Dos o tres manoplas o toallas pequeñas
- ❑ Una toalla seca doblada junto a la bañera, para envolver al bebé al acabar

Dónde hacerlo

Al decidir dónde lavar a tu vástago, ten en cuenta la seguridad, tu comodidad, la comodidad del bebé y la proximidad del agua.

En una bañera colocada dentro del fregadero

Muchas bañeras entran perfectamente en el fregadero, quedando encajadas en él. Además, tener el bebé a esta altura te dará un buen punto de apoyo y estarás junto al agua. Eso sí, cuida de apuntar el grifo lejos del bebé en todo momento.

En el suelo

Los padres ansiosos ponen, a veces, la bañera en el suelo para el primer par de baños, hasta estar seguros de que no van a dejar caer al bebé. No te olvides de poner unas cuantas bolsas de basura debajo de la zona de actividad y un cojín debajo de tus rodillas.

En una bañera de bebé dentro de la bañera normal

Esto puede resultar un poco incómodo para la espalda, pero el bebé está cerca del suelo y, además, no importa si salpica agua por todas partes.

Contigo dentro de la bañera

Algunos bebés encuentran que su pequeña bañera es demasiado estrecha y preferirían disfrutar de tu compañía. La bañera grande proporciona las dos opciones, pero no es recomendable hasta que estés cómodo con el ritual de la hora del baño.

Procedimiento para el baño

1. Vierte agua caliente en la bañera y la jofaina. El agua debe tener una temperatura agradable, pero no estar caliente. Pruébala con el codo. Si tú la notas caliente, entonces está demasiado caliente para el bebé. Solo necesitas poner entre siete y diez centímetros en la bañera.

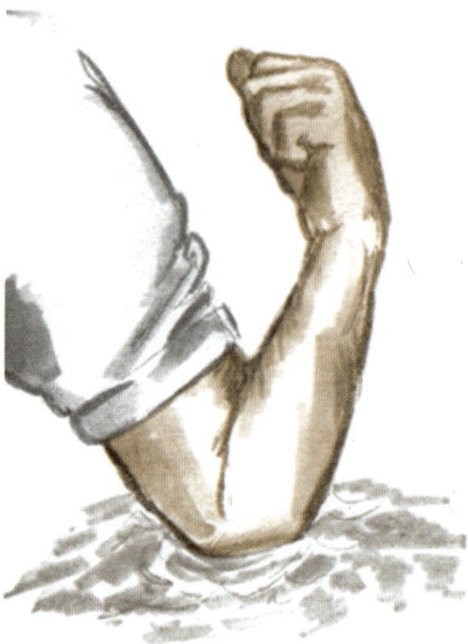

2. Desnuda a la criatura y ponla en la bañera. Para que no se enfríe y empiece a quejarse, cúbrele el pecho con una toalla y viértele por encima continuamente agua caliente de la jofaina. Pero mantenla siempre en su sitio con una mano.
3. Con una toallita limpia, límpiale los ojos desde el puente de la nariz hacia fuera. Luego pasa al resto de la cara, las orejas y el cuello. Los pliegues del cuello de un bebé son sorprendentemente profundos y proporcionan amplio espacio para la suciedad, pelusas, leche regurgitada en fermentación y otras cosas. Si no se lavan pueden infectarse.
4. Pasa a los brazos, las piernas y el torso. Las axilas, el ombligo y los pliegues de las piernas son también rincones perfectos para acumular suciedad y mugre. Usa gel de baño varias veces a la semana y solo agua el resto de veces, pero puedes enjabonar la zona del pañal cada vez. Aclara el jabón con tazas de agua limpia de la jofaina.
5. Lávale el pelo. Como los bebés pierden una gran cantidad de calor por la cabeza, hazlo en último lugar. Usa un par de gotas de champú para bebés varias veces a la semana.
6. Coloca a la criatura encima de la toalla y sécala dándole palmaditas, sin frotar.

Cómo evitar que el champú entre en los ojos

Para evitar que a la criatura le entre champú en los ojos, usa uno de los siguientes métodos:

- Ponle una toallita seca encima de los ojos mientras le viertes agua en la cabeza.
- Envuélvela (mira la página 61) de forma que solo saque la cabeza. Entonces sostenla encima de la bañera con la espalda apoyada en tu brazo, las piernas metidas bajo tu codo y la cabeza y el cuello sostenidos por tu muñeca y mano. Esto se llama presa de fútbol. Inclínale la cabeza hacia abajo, de forma que cuando le aclares el pelo, el agua caiga en la bañera y no en sus ojos.

Usa la presa de fútbol para aclararle el pelo a tu bebé.

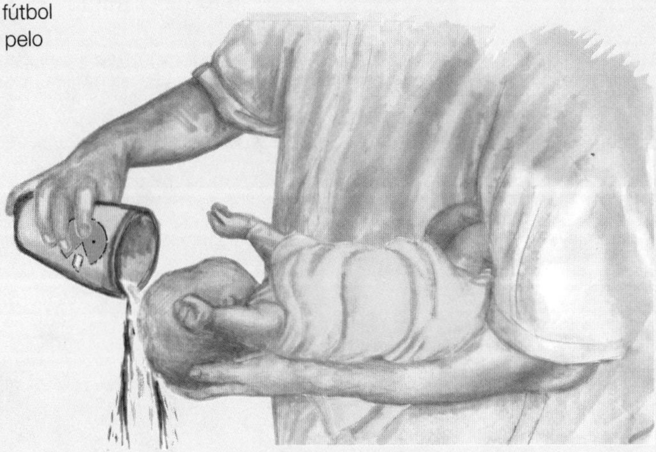

Costra láctea

Cuando le laves el pelo a tu bebé, quizá observes que tiene unas escamas grandes en el cuero cabelludo. Se llama costra láctea y es algo común e inofensivo en el recién nacido. No parece causarle ninguna molestia y suele desaparecer alrededor de los tres meses, justo a tiempo para el baile de la guardería. Para eliminar las escamas, puedes darle masaje en el cuero cabelludo con aceite mineral o vaselina, recordando tener cuidado en las fontanelas (las zonas blandas en la parte superior de la cabeza). También puedes usar un cepillo de dientes de cerdas suaves para limpiarle el cuero cabelludo y no ponerle gorros cuando estéis en casa, porque el sudor puede empeorar la dolencia.

CÓMO SUJETAR A UN BEBÉ RESBALADIZO

El calcetín guante
Un calcetín deportivo de algodón, limpio, se adhiere a la piel del bebé mucho mejor que las manos desnudas. Hazle un corte para poder sacar el pulgar y mantener la funcionalidad de la mano.

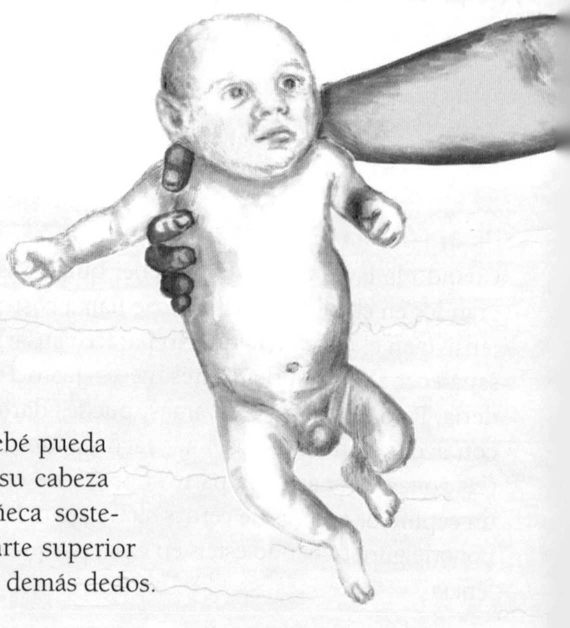

La presa de axila
Usa esta presa para cualquier situación en la que el bebé pueda resbalar en la bañera: apoya su cabeza en tu antebrazo, con la muñeca sosteniéndole la nuca. Rodea la parte superior de su brazo con el pulgar y los demás dedos.

A veces se producen accidentes

En algún momento, el bebé se hará caca en la bañera. Puede que sea un mecanismo de defensa, como el chorro de tinta del calamar. Es algo asqueroso e irritante, pero es uno de esos ritos de paso que te confirman oficialmente como padre.

Para limpiar la bañera, necesitarás:

- Sacar a la criatura, envolverla en una toalla y colocarla en un lugar seguro.
- Vaciar rápidamente la bañera, limpiarla con jabón, aclararla con agua y luego volver a llenarla.
- Coger otra toalla limpia para después del baño, volver a meter a la criatura en la bañera y empezar de nuevo.

En cuanto a la orina en la bañera, la mayoría de padres no cambian el agua, por las razones siguientes:

- Es difícil de verdad saber si un bebé se ha hecho pipí en la bañera.
- De todos modos, la orina es agua en su mayor parte.
- La mayoría de padres se han estado orinando en la ducha todos estos años y no se les han caído los pies.

El reflejo de buceo

En un momento u otro, puede que aflojes tu agarre, por accidente, y la cabeza del bebé se hunda en el agua un par de segundos. No te dejes dominar por el pánico. Los recién nacidos vienen equipados con algo llamado reflejo de buceo, una reacción automática que les impide tragar agua cuando se hunden. En los pocos segundos que necesitarás para sacar al bebé, hay pocas probabilidades de que le pase nada malo. Este reflejo dura unos meses y luego desaparece.

Está claro que no debes tomarte esto como un permiso para relajarte en la seguridad durante el baño.

ARTILUGIOS ÚTILES PARA EL BAÑO

Almohadilla contorneada para el baño

Esta almohadilla es como una cuna para tu bebé y le mantiene la cabeza fuera del agua. Se coloca dentro de la bañera y absorbe el agua del baño para que el bebé permanezca caliente. Existen distintos modelos en el mercado.

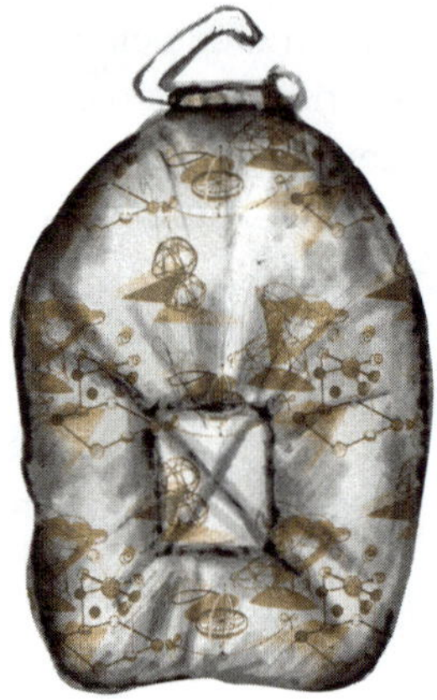

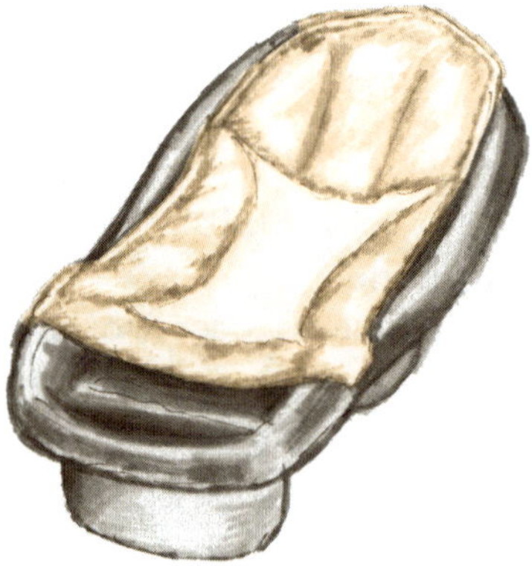

Bañera para bebé con forro

El forro rodea al recién nacido para que no resbale mientras lo bañas. Y se convierte en una bañera normal cuando ya no necesita esa sujeción.

El bañador EZ

Es un artilugio muy sencillo, consistente en una estructura inclinada y forrada de tela. El tejido sujeta al bebé en su sitio y le mantiene la cabeza fuera del agua. Lo puedes colocar en el fregadero, en una bañera para bebés o en una bañera normal y se puede desmontar, por lo que es muy transportable.

Cómo sobrellevar el LLANTO

El llanto de un bebé puede ser tan fuerte como una motosierra o un aspirador de hojas.

Si tienes la desgracia de trabajar para un jefe incansable y exigente, tenemos malas noticias para ti: ahora tienes dos. Y el bebé es, sin ninguna duda, el menos indulgente de los dos. Aunque también es verdad que nunca conseguirás calmar a tu otro jefe haciéndole una pedorreta en la barriga.

Si eres escéptico respecto al poder absoluto que el bebé tiene sobre ti, prueba a pasar treinta segundos SIN RESPONDER a su llanto. El sonido del llanto de un bebé dispara una «reacción de alarma» biológica que:

- Eleva la presión de la sangre.
- Aumenta la circulación.
- Eleva los niveles de oxígeno del cerebro.

Así que el bebé es Pavlov y tú eres el perro. Y encima, el oído humano es sensible al máximo a los sonidos de 3 khz, casi la frecuencia exacta de los gritos del bebé.

CÓMO IDENTIFICAR LOS SEIS TIPOS DE LLANTO

Prepárate para pasar unas quinientas horas, llanto más, llanto menos, del primer año de tu pequeño oyéndolo llorar. Si quieres estar en el nivel inferior de la curva, necesitarás ser capaz de averiguar qué necesita en un momento dado. Por eso, tendrás que aprender a identificar los seis llantos del bebé.

Como los expertos en descifrar claves de la CIA en la Segunda Guerra Mundial, tendrás que usar tus poderes de descodificación para descifrar los llantos, al parecer aleatorios, de tu pequeño. Escucha su cadencia, tono, altura y volumen. Anótalo en tu memoria y luego reacciona. ¿Un biberón le tranquiliza? Si es así, acabas de descubrir el llanto de hambre. Si no, prueba una de las otras muchas maniobras descritas en las páginas siguientes. Con el tiempo, llegarás a ser «llantilingüe».

No todos los bebés lloran exactamente del mismo modo, pero hay seis modelos básicos de llanto que son comunes a los bebés de todo el mundo.

Hambre
Una pauta de gemidos graves y rítmicos que se vuelven cada vez más insistentes. Llanto corto, pausa, llanto más alto, pausa, llanto todavía más alto.

Fatiga
Un lloriqueo bajo y entrecortado. Si escuchas con atención, puedes oír el vibrato. El llanto suele ir acompañado de frotación de los ojos.

Dolor
Un llanto muy agudo que sale de no se sabe dónde. Es como si alguien hubiera disparado la alarma de un coche.

Incomodidad
Una pauta regular de sollozos fuertes que puede transformarse en un llanto a fondo si no se le pone remedio. Los llantos por incomodidad suelen ser debidos a que el bebé tiene calor o frío, está en una postura incómoda o tiene el pañal sucio.

Aburrimiento
Un quejido de bajo volumen que se detiene y reanuda de forma irregular. No suena desesperado y por lo general desaparece en cuanto tú entras en la habitación.

Cólico
Un estallido de gritos urgentes muy agudos que pueden durar horas. Cada uno puede durar cuatro o cinco segundos, dejando al pequeño sin respiración. A continuación hay una pausa, mientras recupera el aliento y luego vuelve a empezar de nuevo.

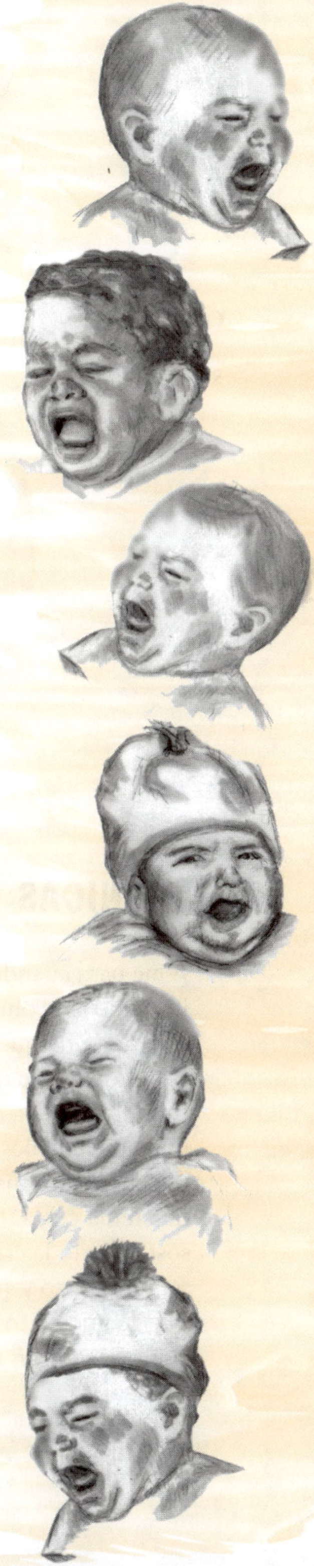

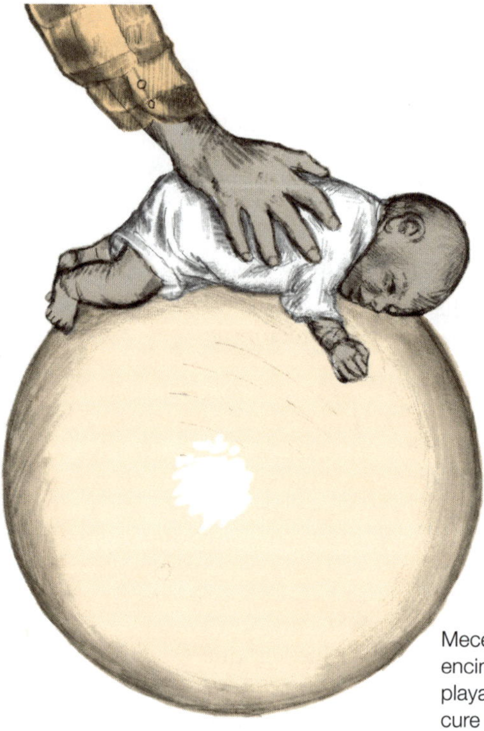

Mecer suavemente al bebé encima de una pelota de playa o de ejercicio quizá cure lo que le aqueja.

TÉCNICAS EFICACES PARA CALMAR AL BEBÉ

¿Qué pasa cuando lo has probado todo para calmarlo y el pequeño sigue sollozando sin control? Es hora de aplicar algunas técnicas alternativas. Ten la seguridad de que la eficacia de los métodos que explicamos a continuación está probada; lo que pasa es que no son tan conocidos como los clásicos. Por ejemplo, la idea del bebé encima de la pelota no fue descubierta hasta que un papá ingenioso, cuyos brazos se le estaban quedando dormidos de tanto sostener a su hija que lloraba, decidió apoyarla en una pelota de ejercicio que tenía cerca. Empezó a hacer girar la pelota suavemente arriba y abajo, sosteniendo la espalda de la pequeña con la mano. Milagrosamente, la niña se tranquilizó y, ¡quién lo iba a decir!, nació una técnica tranquilizadora.

Si uno de los métodos no te funciona, pasa a otro, pero no taches ninguno de tu lista, porque lo que hoy funciona quizá no lo haga mañana y viceversa.

Expulsión de gases

Los gases en el estómago pueden amargar al recién nacido... y a los padres.

- Ponlo tumbado de espaldas y hazle la bicicleta con las piernas o dóblale ambas piernas hasta el pecho, estíralas de nuevo y vuelve a empezar. Con frecuencia, esta presión sobre su estómago producirá la expulsión de gases.
- Ve a tu despacho, en casa, y siéntate en la silla giratoria. Pon a la pequeña boca abajo, encima de tus rodillas, y haz oscilar la silla adelante y atrás, mientras le das unas palmaditas en la espalda.
- Usa agua para retortijones o gotas para cólicos, pociones absolutamente naturales que se venden sin receta, preparadas para reducir los gases infantiles. Y si tu pareja le da el pecho, aconséjale que evite los alimentos que producen gases, como las alubias, la col y el brécol. Dile que tanto tú como el bebé lo agradeceréis.

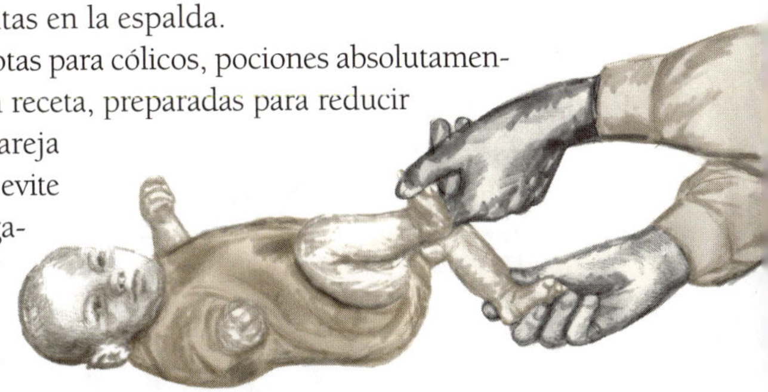

Cambio de escenario

Si le proporcionas al bribonzuelo una nueva perspectiva se puede calmar.

- Sostenle delante de un espejo. Puede quedar hipnotizado por aquel nuevo personaje o por tu cara reflejada.
- Subir y bajar las escaleras con él en brazos combina vistas interesantes y un movimiento apasionante. También puedes ponerlo en el cochecito y pasearte arriba y abajo por el pasillo. Igualmente, coger el coche y dar un par de vueltas a la manzana.
- No seas demasiado orgulloso para pasarle el relevo a tu pareja. El pequeño puede reaccionar a su nuevo olor, voz y contacto y tú tendrás algo de tiempo para la descompresión, por lo menos hasta que ella te devuelva el favor.

Sobresaltos

Si sobresaltas a un bebé que llora, algunas veces se olvidará de por qué estaba llorando. Pero prepárate para pasar rápidamente a otra actividad en cuanto deje de llorar.

- Apaga las luces, espera unos segundos y luego enciéndelas de nuevo. Repítelo si es necesario.
- Pon la mano o el pie del bebé debajo de un chorro de agua (pero primero comprueba la temperatura).
- Imita su llanto delante de él. Quizá se calle para observar. Susurrar también puede obligarlo a escuchar. O prueba a hacer ruidos de animales.

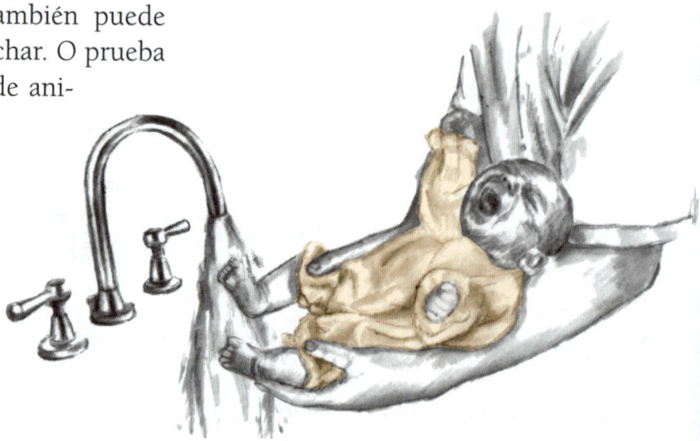

Recrear el útero

Algunos bebés añoran su anterior residencia. Prueba cualquiera de estas técnicas o una combinación de varias:

- Ponle en la sillita del coche, coge el asa y mécele suavemente atrás y adelante. Esto puede acercarse mucho a la intimidad y movimiento que sentía en el seno materno. También puedes comprar un balancín electrónico para duplicar ese movimiento.
- Muchos bebés se chupan el dedo en el útero. Puedes usar un chupete o dejar que te chupe tu rosado dedo recién lavado. Presta atención a que el dedo esté con la yema hacia arriba para no arañarle el paladar.
- Un baño caliente con ruido blanco de fondo puede ayudarlo a recuperar la sensación de estar protegido.
- Inmovilízalo envolviéndole en una manta.

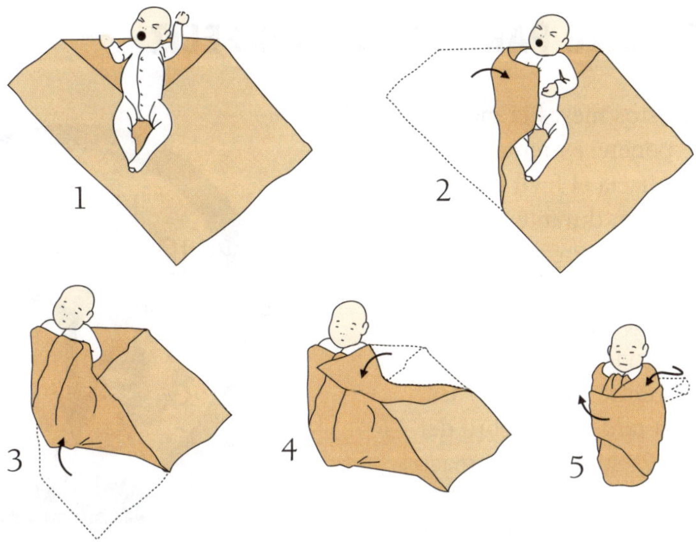

La envoltura

Arrebujar al pequeño de esta manera es una copia de la estrechez del útero. Aunque muchos bebés se consuelan con esta camisa de fuerza en miniatura, otros preferirían no volver a vivir la experiencia uterina, gracias, y te lo harán saber rápidamente.

Sigue paso a paso las instrucciones que doy a continuación. Una manta cuadrada puede quedar mejor sujeta que una rectangular, pero puedes usar cualquiera de las dos.

1. Extiende la manta en una superficie plana y dobla una de las esquinas hacia dentro entre 15 y 20 centímetros. Luego coloca al pequeño encima, de forma que la cabeza quede directamente por encima de la esquina doblada.
2. Coge la esquina izquierda de la manta y llévala a través del cuerpo del bebé, sujetándola debajo de la espalda.
3. Dobla la parte inferior de la manta hasta el pecho del bebé y remétela dentro del primer pliegue.
4. Coge la esquina derecha y llévala a través de su cuerpo y detrás de la espalda.
5. Si tienes manta suficiente, puedes remeter la esquina derecha dentro del pliegue que hay debajo de la nuca del bebé.

Si el bebé prefiere tener los brazos libres, puedes probar una variante de esta envoltura repitiendo los pasos anteriores, pero remetiéndole los lados izquierdo y derecho por debajo de los brazos.

PREPÁRATE PARA LA HORA INFELIZ

Durante estos meses la mayoría de bebés se ponen extremadamente nerviosos hacia el final del día y, a veces, lloran durante una hora o más. Se cree que este período de agitación es la manera que tiene el bebé de recargar su sistema nervioso. En algún momento entre las cinco y las ocho de la tarde, el cerebro del bebé alcanza su máxima capacidad y entra en el modo de llanto.

Si eres un padre que trabaja, la hora infeliz puede ser especialmente desdichada porque, justo cuando abres la puerta, el bebé estalla. Podrías empezar a acomplejarte.

Como hombre, quizá sientas que es tu deber resolver la crisis del bebé y encontrar una solución. Cuando todos tus esfuerzos sean vanos, puede que se te declare ansiedad e inquietud y estés más cerca de poner un anuncio por palabras que diga: «Se vende bebé».

Pero aquí tienes tres datos que tal vez te hagan sentir mejor:

- La hora infeliz afecta a más del 75 % de bebés.
- Esta pauta debería acabar hacia las doce semanas.
- Dejar que el bebé llore en la cuna un par de minutos entre dos intentos por consolarlo no lo traumatizarán y pueden ser un respiro muy bienvenido para los dos.

Entretanto, hazte con un par de auriculares para amortiguar el nivel de ruido, que puede llegar a los 100 decibelios, más o menos el mismo volumen que una motosierra o un aspirador de hojas.

CÓMO COMBATIR EL CÓLICO

Se presenta de repente y sin avisar. Causa estragos durante unas ocho semanas y luego desaparece sin más, dejando un rastro de nervios destrozados y botes de aspirina vacíos. Es el cólico y puede que se esté acercando a tu ciudad.

El término cólico significa prolongados períodos de llanto, por lo general de varias horas. Nadie sabe exactamente qué causa el cólico.

Por fortuna, hay medios para combatir esta dolencia que aflige hasta a un 20% de bebés. Puedes probar algunos de los consejos recogidos antes para la expulsión de los gases, así como los dos métodos adicionales que vienen a continuación.

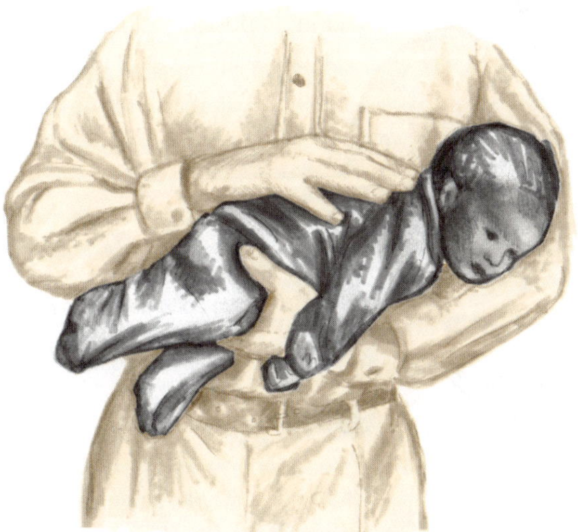

La presa Popeye

1. De pie, con el brazo doblado por el codo y la palma hacia arriba.
2. Apoya al pequeño en la palma de la mano, de cara a ti.
3. Lentamente, túmbale sobre el antebrazo, para que su cabeza repose en la parte interior del codo.
4. Mécele de un lado a otro, mientras le frotas la espalda.

El antebrazo ejerce una suave presión sobre su abdomen, lo cual, combinado con el balanceo, puede calmarle.

Llanto y secado

1. Saca una toalla caliente de la secadora y mete dentro una toalla fría. Pon la secadora en marcha.
2. Siéntate encima de la secadora. Dobla o enrolla la toalla caliente y colócatela encima de las rodillas. (Procura que no esté demasiado caliente.)
3. Pon al bebé boca abajo a través de tus rodillas para que su barriga descanse directamente encima de la toalla. Sostenle el trasero con una mano y hazle un suave masaje en la espalda con la otra.
4. Cuando la toalla se enfríe, abre la secadora y cambia de toalla. Vuelve a poner en marcha la secadora, dobla la toalla caliente y repite el paso número 3.

Es posible que la combinación del calor, la vibración, la postura, el ruido y tus manos en su espalda sean eficaces incluso para el caso de cólico más resistente.

La zona de lavado puede convertirse por un tiempo en tu segunda casa.

Cómo ENFRENTARSE AL SACALECHES

Es completamente comprensible que sientas aversión hacia el sacaleches. Bien mirado, es un poco irritante ver cómo un artilugio mecánico chupa sin piedad el pecho desnudo de tu pareja. No puedes menos de pensar: «Si los robots hicieran pornografía, tendrían apéndices con el mismo aspecto».

Pero pronto comprenderás que ese aparato es tu amigo. No solo te permitirá dar el biberón al bebé sino que, por fin, podréis contratar a una canguro y salir de verdad por una vez. Y si tu pareja padece de obstrucción o congestión en los senos, la extracción de la leche puede proporcionarle el alivio más rápido.

Hay dos tipos de sacaleches: manual y eléctrico. Los manuales son baratos, pesan poco y son pequeños, de forma que tu pareja puede usarlos en el trabajo o de viaje. Pero la constante extracción a mano es cansada y lenta y, como un sacaleches manual puede estar compuesto de hasta diez piezas, el constante desmontar, esterilizar y montar (un trabajo que, muy probablemente, te tocará hacer a ti) causa un rápido desgaste.

Los eléctricos son rápidos, fáciles y van equipados con dos extractores. Solo tienes que decidir si quieres alquilar el sacaleches de categoría hospitalaria o comprar uno de los modelos portátiles. Si tu pareja está intentando aumentar la cantidad de leche, querrás uno con un motor potente. Recuerda que la producción de leche, como el capitalismo de la vieja escuela, se basa en la oferta y la demanda: cuanta más leche se extraiga, más se producirá.

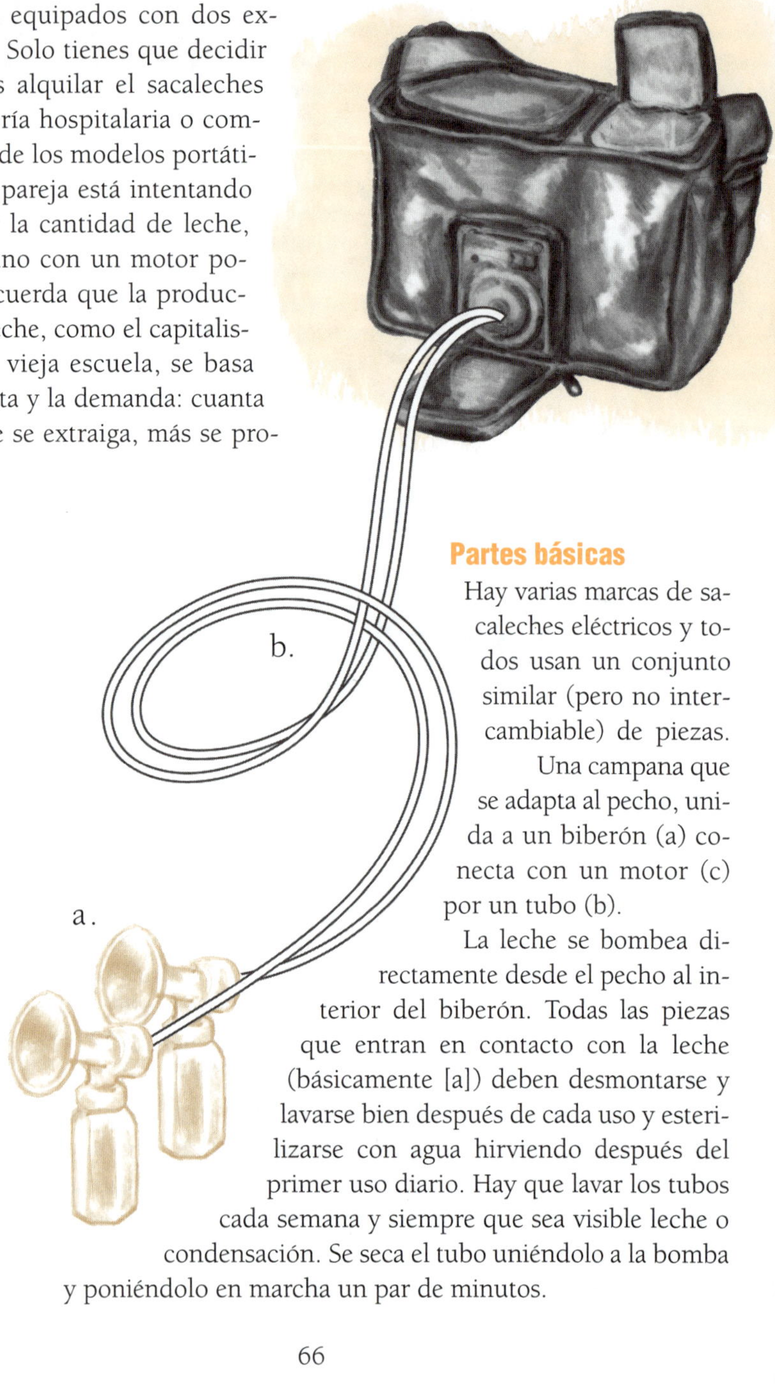

Partes básicas

Hay varias marcas de sacaleches eléctricos y todos usan un conjunto similar (pero no intercambiable) de piezas. Una campana que se adapta al pecho, unida a un biberón (a) conecta con un motor (c) por un tubo (b).

La leche se bombea directamente desde el pecho al interior del biberón. Todas las piezas que entran en contacto con la leche (básicamente [a]) deben desmontarse y lavarse bien después de cada uso y esterilizarse con agua hirviendo después del primer uso diario. Hay que lavar los tubos cada semana y siempre que sea visible leche o condensación. Se seca el tubo uniéndolo a la bomba y poniéndolo en marcha un par de minutos.

Los fabricantes de sacaleches afirman que compartirlos es antihigiénico. Pero como estos aparatos son caros, muchas personas toman prestado el motor y compran el conjunto de tubos, campana y botella nuevos.

Si tu pareja tiene problemas con el amamantamiento o la extracción bombeada, podéis consultar con el pediatra o con La Leche League, una organización internacional defensora de la lactancia materna.

CÓMO CONSERVAR LA LECHE EXTRAÍDA

A corto plazo. Separa el contenedor de la bomba, séllalo, escribe la fecha en un trozo de cinta adhesiva y pégala a la botella. La leche se puede conservar hasta cinco días en el frigorífico.

A largo plazo. Puedes comprar bolsas de biberones desechables, sin marca, para guardar la leche con comodidad. Como alternativa, puedes verter la leche en bandejas para cubitos de hielo, limpias y esterilizadas, meter las bandejas en bolsas de congelación y luego, en el congelador. La leche se conservará por lo menos dos meses. Cuando vayas a usarla, saca un cubito de la bandeja, ponlo en una bolsita de plástico y caliéntalo bajo el chorro del agua caliente. Cuando se licúe, pásala a un biberón. Cada cubito equivale a unos 6 centilitros de leche.

Guarda la leche en bandejas para cubitos de hielo, pero no olvides ponerles una señal, no sea que haya sorpresas en tu próxima fiesta.

GLOSARIO

Términos relativos a la lactancia que no está de más saber

Calostro. Líquido espeso y amarillento segregado por el pecho durante los primeros días después del nacimiento del bebé y antes de que aparezca la leche. El calostro proporciona al bebé nutrientes y anticuerpos vitales.

Congestión. Es común durante las primeras semanas de lactancia y se produce cuando los pechos están llenos al máximo. Con frecuencia, causa molestias. Entre los remedios está dar el pecho de inmediato, extraer la leche y poner compresas calientes.

Obstrucción. Cuando un conducto lácteo se bloquea, aparece un bulto sensible en el pecho, que puede ser doloroso. Entre los remedios está vaciar el pecho regularmente, dar masaje y aplicar compresas calientes.

Reflejo de giro. Es el instinto del recién nacido que le hace girar la cabeza hacia cualquier estímulo que le roce la mejilla. También puede abrir la boca, sacar la lengua y buscar un pezón.

El cojín de lactancia. Tiene forma de herradura, para que encaje alrededor de la cintura a fin de sostener el cuerpo del bebé durante las tomas de alimento. Más adelante, cuando el bebé intente sentarse, se le puede poner el cojín alrededor para que no se dé coscorrones contra el suelo. También puede convertirse en unos divertidos cascos.

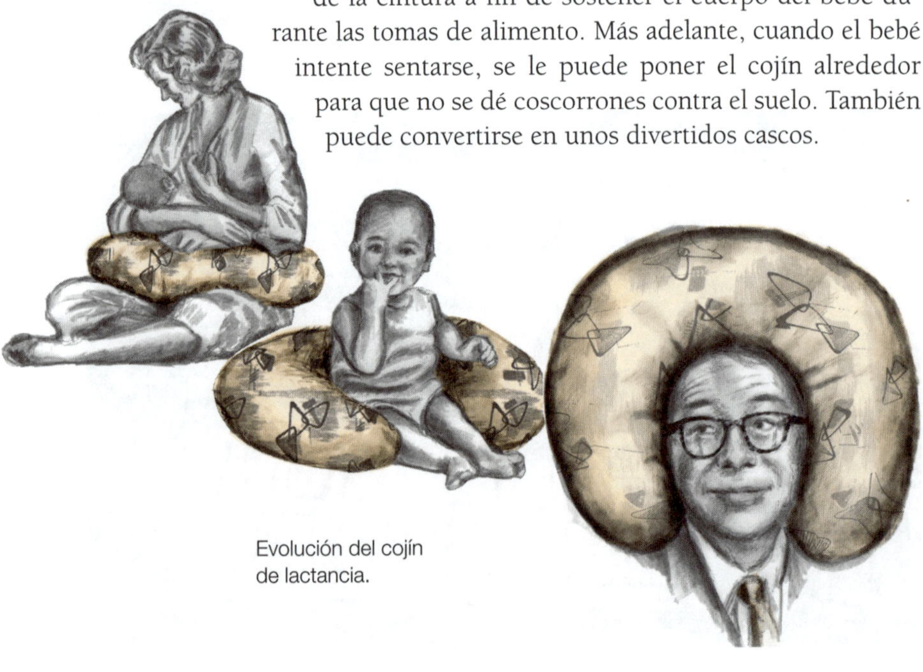

Evolución del cojín de lactancia.

¡ARRIBA LOS BIBERONES!

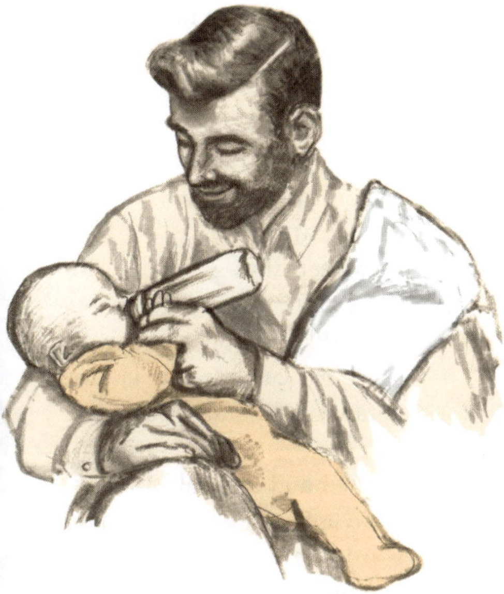

Darle el biberón a tu bebé significa tu iniciación en el estado de Proveedor Total. Es consolador saber que si tu pareja fuera abducida a otra dimensión por los extraterrestres, tú podrías seguir alimentando a tu bebé hasta que ella reapareciera.

Y una vez que el pequeño acepte el biberón que tú le das, lo más probable es que lo acepte de cualquiera, lo cual significa que podrás contratar a un canguro para que tú y tu pareja podáis salir durante un par de horas. Algunas cosas que hay que saber antes del primer biberón:

- Si tu pareja está dándole el pecho, introducid el biberón cuando el bebé tenga alrededor de un mes. De hacerlo antes, puede estar todavía adaptándose al pecho y más tarde puede que ya esté demasiado acostumbrado a esa manera de alimentarse.
- No te desanimes si no lo acepta de inmediato. Sigue probando, con tetinas de diferentes tamaños y formas y con la leche a diferentes temperaturas. Casi todos los bebés acaban por agarrarse.
- Dale el biberón una vez al día, pero no más. No te interesa que rechace el pecho.
- Administra las primeras tomas sin que tu pareja esté en la habitación. La criatura puede verla y sentirse confusa. Y tu pareja puede echarse a llorar al ver el biberón, como primera señal de que el bebé abandona el nido.

Procedimiento para dar el biberón

1. Calentar

Pon la botella bajo agua caliente. No uses nunca un microondas, porque destruye las enzimas de la leche materna y, además, la leche se calienta de forma desigual.

2. Comprobar la temperatura

Deja caer unas gotas de leche en la parte interior de tu muñeca. El biberón no debería estar más caliente que la temperatura corporal.

3. Ceba el anzuelo

Justo antes de insertarlo, moja con leche la parte exterior de la tetina.

4. Inicia las maniobras de acoplamiento

Siéntate con el bebé echado encima de tu brazo doblado. Levántale la cabeza. Si le pones completamente tumbado, es más fácil que se atragante y contraiga infecciones de oído. Activa el reflejo de giro y encaja el biberón.

5. Alimentar

Para evitar los dolores producidos por los gases, inclina el biberón con un ángulo tal que la leche llene la tetina por completo. Nunca apoyes el biberón en algo y dejes al bebé solo durante las tomas. Al principio, puede que tengas que retirarle el biberón de vez en cuando, para darle tiempo a tragar.

6. Eructar

Hazle eructar cada seis centilitros o siempre que se muestre inquieto durante las tomas.

Cómo preparar la leche en polvo

Aunque no hayas notado ninguna mutación extraña en la fauna local, es buena idea esterilizar, hirviéndola, el agua que usas para preparar la leche en polvo, durante los tres primeros meses.

La forma más fácil de prepararla es haciendo una tanda de seis a la vez. Coge una jarra de cerveza limpia y mezcla las proporciones correctas de preparado y agua (pon primero el agua, para evitar que se formen grumos). Remueve enérgicamente. Llena seis biberones con la cantidad deseada, ponles las tapas y mételos en un contenedor de seis. Estos biberones se podrán usar durante cuarenta y ocho horas.

Cómo limpiar todas las partes de un biberón

Solo es preciso hervir las piezas del biberón una vez, antes de usarlas por vez primera. Lávalas con agua caliente y jabón después de cada uso o ahorra tiempo y esfuerzo limpiándolas todas en la cubeta superior del lavavajillas, usando cestas compradas en la tienda para las tetinas y las arandelas.

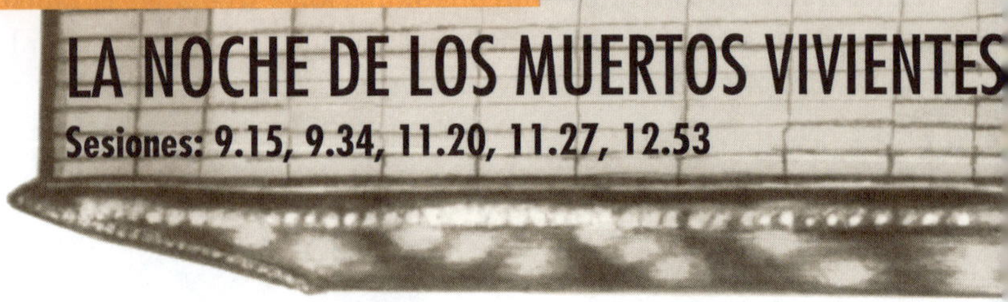

Cuando oigas la frase «pautas de sueño del recién nacido» no hagas caso de la palabra «pautas». A menos que invoques la teoría del caos, es posible que no veas la pauta por ninguna parte, por lo menos durante el primer mes más o menos. Tu pequeño igual puede dormir solo cinco minutos que cinco horas. Y cuando duerma cinco horas, procura resistir la tentación de echar las campanas al vuelo, porque es muy probable que su siguiente sueño dure exactamente cinco minutos.

Degeneración del padre exhausto.

Es este un tiempo muy surrealista para los nuevos padres, porque el día está dividido en algo parecido a diez minidías idénticos, que se producen a intervalos irregulares y consisten exclusivamente en alimentar, hacer eructar, cambiar y volver a poner el bebé a dormir. Los días y las noches se funden unos en otros. Ya no estás seguro de cuándo fue la última vez que te duchaste, comiste o te lavaste los dientes. Después de una semana así, tienes el mismo aspecto que se ve en los médicos residentes de primer año.

SISTEMAS PARA INDUCIR EL SUEÑO

Cantar. Los bebés no han oído la suficiente música para saber que desafinas, así que estás a salvo. Elige canciones ronroneantes y monótonas como el «Romance del conde Niño» y ve bajando la voz y cantando más lento cuando veas que el bebé empieza a cabecear.

Alimentar. Todo ese chupeteo tiene que agotar a los bebés. Muchas veces, observarás que a media toma, a tu pequeño se le pone pinta de ebrio y al cabo de unos segundos habrá caído redondo.

Confinar. Acostumbrados al útero, muchos bebés emparejan comodidad con confinamiento y dormirán mejor si encuentras algún medio de inmovilizarlos, sea con una envoltura o poniéndolos a dormir en el asiento del coche.

Movimiento. Aun antes del nacimiento, el recién nacido cogió malas costumbres para dormir. Con cada movimiento de tu pareja, le mecían hasta que se dormía dentro del seno materno y ahora que está en tierra firme, es probable que espere el mismo tratamiento. Para mantenerle en un perpetuo movimiento, puedes usar la energía eléctrica, usando el balancín electrónico o el asiento elástico vibrador, utilizando la energía del petróleo, para dar largos y lentos paseos alrededor de la manzana, con él en su asiento del coche o aplicando la energía paterna, dando vueltas y más vueltas con el bebé en el cochecito o en la mochila portabebés.

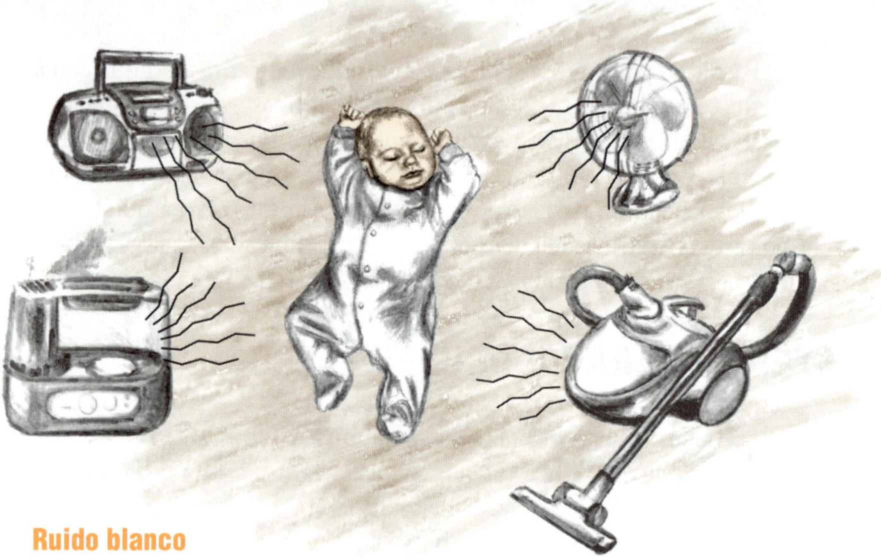

Ruido blanco

El ruido blanco es un inductor del sueño asombroso.

No solo enmascara los ruidos externos no deseados, haciendo que el bebé no se dé ni cuenta de los teléfonos que suenan, las puertas que crujen y los perros que ladran, sino que, además, imita el sonido de los líquidos que fluyen y del cambio del peso corporal que oía dentro del útero. En un estudio, los bebés expuestos al ruido blanco tenían tres veces más probabilidades de quedarse dormidos que los que no lo estaban.

Por suerte, puedes crear tu propio ruido blanco usando aparatos electrodomésticos corrientes:

- Pon en marcha un pequeño ventilador, el aire acondicionado o un purificador de aire en la habitación del bebé.
- Arranca la antena de una vieja radio y gira el botón por completo a la derecha o a la izquierda para conseguir veinticuatro horas de ruido blanco, libre de anuncios.
- Pon un ratito en marcha el aspirador o el secador del pelo.
- Compra un acuario.

Los motores de los aspiradores y los secadores del pelo tienden a desgastarse rápidamente y es posible que no quieras tener en marcha un ventilador o el aire acondicionado en mitad del invierno. Pero puedes bajarte una grabación de cinco minutos de ruido blanco en www.beprepared.net. *Copia la muestra tantas veces como sea necesario para llenar un CD. Luego mete el nuevo disco en el aparato, aprieta «repetir» y ya está.*

Listos para mecerse

Hay dos cosas que considerar antes de empezar a mecerse:

Ni bebé, ni llanto

Ritmo. Los estudios demuestran que el balanceo más efectivo imita el patrón de la madre al andar, lo cual significa unos sesenta movimientos por minuto (un movimiento a la derecha, más un movimiento a la izquierda equivalen a dos balanceos). Es un ritmo vivo comparado con el movimiento lento y suave que puedes tener en mente, pero deja que sea el bebé quien juzgue. Si vas demasiado rápido, te lo hará saber.

Música. Muchos bebés encuentran reconfortante un compás fuerte y metódico. Algunos padres usan metrónomos para hacer dormir a sus bebés pero, si no tienes uno, puedes sustituirlo con música *reggae*. El ritmo es sólido y constante y tiene una vivacidad que complementará tu balanceo. Y lo mejor de todo es que la mayoría de la música *reggae* gira en torno a los sesenta o setenta compases por minuto, o sea que está hecha a la medida de las necesidades de tu bebé. (*«Buffalo Soldier», de Bob Marley, con sus sesenta compases por minuto, es casi perfecta.)*

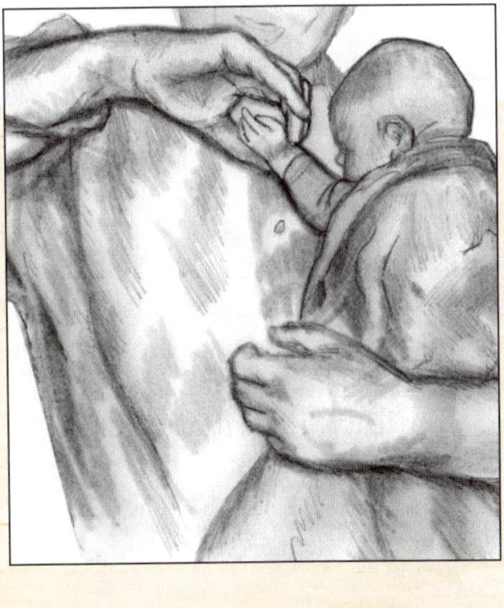

La prueba del sueño

Antes de dejar al bebé en su cuna, tienes que estar seguro de que ha caído en un profundo sueño. Para probar cómo está de dormido, levántale uno de los brazos unos cinco centímetros y luego déjalo caer. Si ofrece alguna resistencia, entonces tienes que seguir meciéndole.

El delicado arte del traslado a la cuna

Pasar un bebé dormido a una cuna o cama es como desactivar una bomba. Es un proceso delicado y laborioso. Un movimiento en falso y te habrás ganado otra media hora de balanceo. Para estar seguro de hacer un traslado sin problemas, sigue los pasos siguientes:

1. Mientras sigues meciéndolo, recoloca con cuidado las manos para que puedas sacárselas de debajo, como si fueran espátulas, cuando finalmente lo acuestes.
2. Dirígete a la cuna, sin dejar de mecerle ni un momento. Mientras caminas, vigila el suelo por si hay juguetes u otros objetos que pudieran hacerte tropezar o estallarte ruidosamente bajo los pies.
3. Cuando estés delante del colchón, ve deteniendo gradualmente el balanceo.
4. Inclínate sobre el colchón mientras lo acuestas de espalda, manteniendo el contacto corporal todo el tiempo. Es probable que el colchón esté frío y tu calor puede hacer que no se sobresalte y se despierte. Permanece en esta postura un par de minutos.
5. Cuando te apartes, sácale las manos de debajo de la espalda, deslizándolas con mucho cuidado, y pónselas en el pecho. Déjalas ahí otro par de minutos.
6. Respira hondo y retira las manos lentamente.

Monitores para bebés

Si has decidido tener al bebé en otra habitación, es buena idea hacerte con un par de monitores para bebés. Sí, es verdad que los padres han sobrevivido sin ellos durante miles de años, pero esos padres no tenían un cine doméstico con DVD y sonido estereofónico. Prueba los aparatos con tu pareja antes de la fecha prevista para el parto. Haz que ella se quede en el espacio donde penséis que duerma el bebé, gimiendo mientras tú recorres la casa y escuchas.

Ten en cuenta que todos los monitores tienen fallos inherentes al sistema. Si de repente una noche oyes lo que suena como si tu bebé estuviera encargando una pizza, no te dejes dominar por el pánico. Los monitores captan interferencias telefónicas, transmisiones de la radio de la policía y los monitores de otros bebés del barrio. Prueba a pasar a otro canal (la mayoría vienen con dos opciones, por lo menos) y si eso no funciona, quizá tengas que cambiarlos por otra marca.

Sobre el riesgo del SMSL

A muchos padres les preocupa mucho el SMSL (síndrome de la muerte súbita del lactante). Pero la verdad es que el riesgo es muy, muy bajo, menos de 1 entre 1.300, es decir el 0,07 %. Y si tomas las siguientes y sencillas precauciones, ese riesgo será todavía menor.

Dado que los estudios sobre el SMSL son continuos, consulta los últimos datos a su pediatra.

- Acuesta al bebé boca arriba [o de costado].
- Usa un colchón firme y una sábana fina ajustable debajo del bebé.
- Evita que el bebé tenga demasiado calor.
- Mantén peluches, almohadas, edredones o mantas pesadas fuera del espacio donde duerme el bebé. Si necesita una manta, es mejor usar el saco de dormir especial para bebés. (Véase la página 94.)
- No fumes y mantén al bebé lejos de quienes lo hacen.
- Si es posible, tu pareja debería darle el pecho.
- Asiste a clases de reanimación cardiopulmonar para lactantes.

«La gran H», una formación habitual de una familia dormida.

TU CAMA, TUS NORMAS

¿Quieres compartir la cama con el bebé? Algunos hombres creen que es estupendo y otros piensan que la cama es uno de los últimos espacios libres de niños que quedan en la casa y quieren que siga siéndolo.

Es una decisión más importante de lo que se podría pensar, porque una vez que el bebé se aposenta en tu cama, no es probable que vuelva a la cuna hasta mucho tiempo después. Bien mirado, ahora que se ha acostumbrado al Hilton, ¿crees que se va a conformar con una pensión?

Veamos algunos factores que hay que sopesar:

Tu sueño. Muchos pequeños gruñen, gimen y no están quietos mientras duermen. Esto es debido a que pasan mucho más tiempo en el sueño REM que los adultos, lo cual es curioso porque no tienen tanto en que soñar.

El sueño de tu pareja. Con el bebé junto a ella, tu pareja puede darle el pecho al bebé sin tener que levantarse de la cama.

El sueño del bebé. Cuanto más cerca estés del bebé, más probable es que reacciones a cada gemido, lo cual puede despertarlo sin necesidad.

Seguridad. Si pesas mucho, tienes un sueño profundo en extremo, tomas pastillas para dormir o bebes en exceso, no deberías meter al pequeño en tu

Con la cuna acoplada, puedes echar un sueñecito y tu pareja puede amamantar al bebé en la cama.

cama. Incluso si no estás en ninguno de estos casos, tienes que obedecer las normas del SMSL que hemos mencionado antes.

Y pronto tendrás que vértelas con un bebé que da vueltas, lo cual puede significar que tengas que instalar barandas u otros artilugios para que no se caiga.

Sexo. Cuando llegue, por fin, el momento de reanudar las relaciones sexuales, un bebé en la cama te obligará a buscar otros lugares más excitantes para tus hazañas.

Intangibles. Muchos padres dicen que no hay nada que pueda sustituir el ver cómo tu bebé se despierta a tu lado, cómo estira los brazos y las piernas y como elimina gases.

Acoplar un supletorio

Si quieres tener al bebé razonablemente cerca de ti, pero no en tu cama, quizá te interese instalar algo que se llama cuna acoplable. Es una cuna pequeña con tres lados altos que se engancha, como un anexo, a tu cama. Tu pareja puede pasar fácilmente al bebé a vuestra cama para darle el pecho y volver a dejarlo en la cuna cuando acabe. Cuando el bebé sea capaz de moverse de un lado para otro, puedes instalar la cuarta barandilla para impedir que ruede hasta vuestra cama cuando quiera.

SITIOS DONDE EL BEBÉ PUEDE ECHAR UNA CABEZADITA

Los pequeños tienen una gran variedad de opciones para dormir, entre ellas los siguientes aparatos:

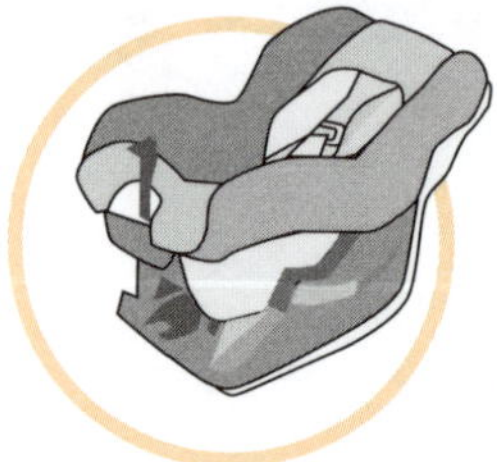

Silla del coche. A algunos bebés les gusta tanto el confinamiento, parecido al seno materno, de la silla del coche, que allí es el único sitio donde duermen durante los seis primeros meses.

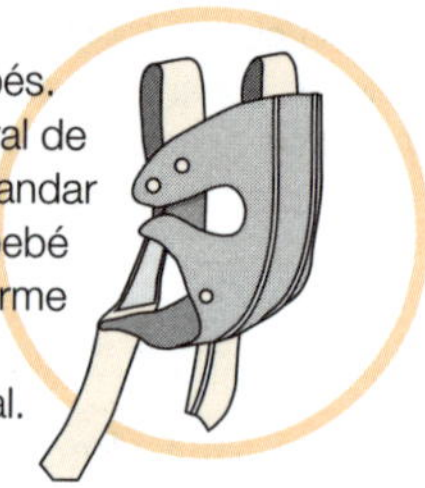

Mochila portabebés. El balanceo natural de tu movimiento al andar puede mecer al bebé hasta que se duerme en la mochila o portabebés frontal.

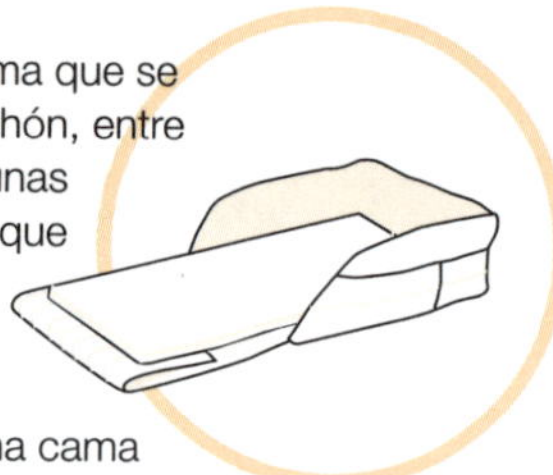

Nido. Es una mini cama que se pone encima del colchón, entre tú y tu pareja. Tiene unas pequeñas alzas para que el bebé no ruede fuera. Es probable que no sea viable a menos que tengas una cama de tamaño supergrande.

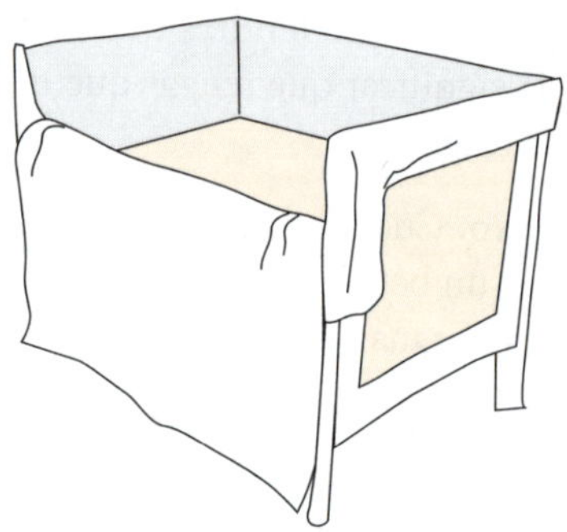

Cuna acoplable. Es una especie de cuna anexa, que se fija a tu cama como el sidecar de una moto. Va bien para las madres que dan el pecho porque pueden pasar al pequeño a su cama y luego devolverlo al sidecar. Si subes la cuarta barandilla, se convierte en una cuna o parque portátiles.

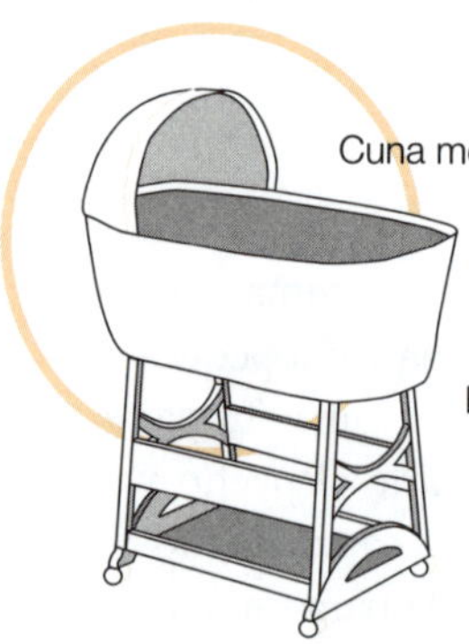

Cuna moisés. Es como una cuna en miniatura que, a veces, va dotada de balancín. Se queda pequeña al cabo de pocos meses.

Cambiador almohadillado. Algunas personas lo ponen en el suelo para sueños cortos; los bebés no pueden caerse debido a los bordes alzados.

Silla mecedora con vibración. Las continuas vibraciones calman al bebé hasta que se duerme, pero no es muy mullida, así que quizá no sea tan cómoda como otras opciones.

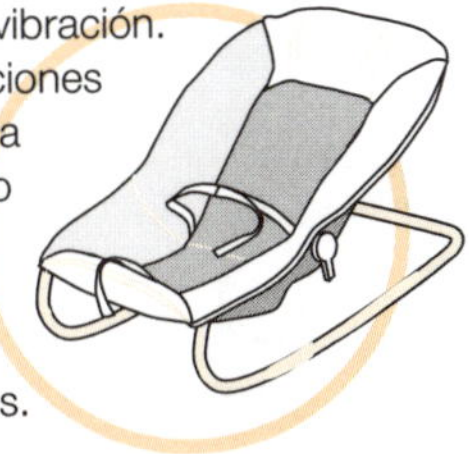

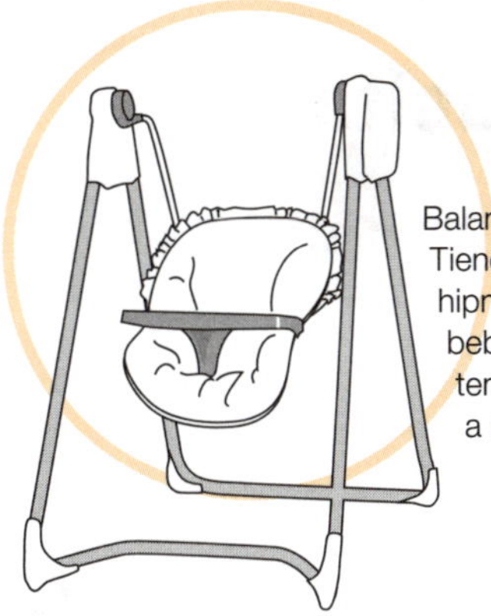

Balancín automático. Tiene un efecto hipnotizador en los bebés. No olvides tener pilas nuevas a mano.

Cuna. Puedes convertir la cuna del bebé en una CUNA con mayúsculas comprando accesorios que lo calmarán cuando se despierte. Estos elementos incluyen móviles, zonas de actividades y juguetes.

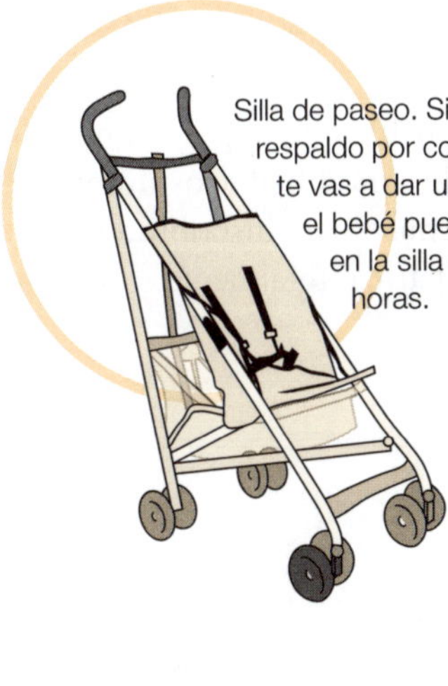

Silla de paseo. Si bajas el respaldo por completo y te vas a dar un paseo, el bebé puede dormir en la silla durante horas.

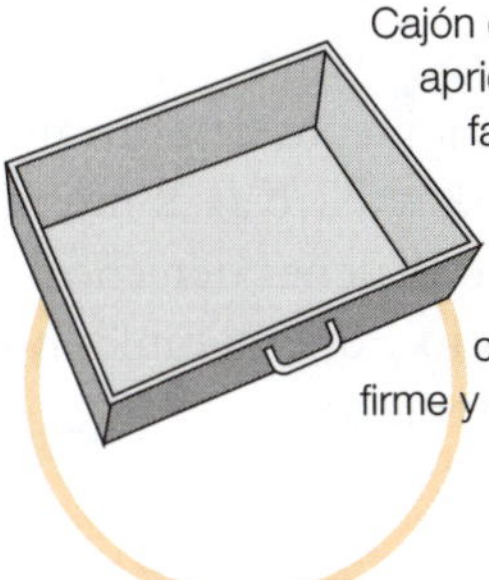

Cajón de cómoda. En un aprieto, puedes fabricarte una cuna provisional forrando el interior de un cajón sólido con un acolchado firme y seguro.

La vuelta al TRABAJO

En algún momento de estos meses, es muy probable que salgas del mundo de los bebés y vuelvas al mundo del trabajo. Te será difícil acostumbrarte. Recuerda que tienes derecho a 48 horas de permiso para inscribir a tu hijo en el registro y que tu mujer puede cederte en parte o totalmente su permiso de maternidad.

LA FALTA DE SUEÑO EN EL TRABAJO

El agotamiento es, con mucho, el mayor obstáculo al que te enfrentarás cuando te reincorpores al mundo laboral. Harás las mismas tareas que antes, pero te costará el doble de tiempo. Leerás la misma página tres veces antes de comprenderla. De repente, no conseguirás recordar las reglas básicas de la división y la multiplicación. Y olvídate de hacer una presentación. Las palabras precisas están fuera de tu alcance.

Los estudios han demostrado que tu coeficiente intelectual disminuye realmente con cada hora de sueño que pierdes. Tu centro de lenguaje empieza a cerrar, tu memoria se vuelve perezosa, el tiempo que necesitas para reaccionar aumenta y te vuelves irritable. La buena noticia es que la falta de sueño no puede matarte (a menos que manejes maquinaria pesada).

Hay medios para luchar contra los efectos de la falta de sueño. Se ha demostrado que echarse siestas, incluso si se trata de dar una cabezadita, puede obrar maravillas para la agilidad mental. Los investigadores de la NASA han descubierto que los pilotos de las líneas aéreas que dormían una siesta de 26 minutos aumentaban su rendimiento en un 34 %. (Es de presumir que no lo hacen mientras trabajaban.)

En casa, las siestas eran aceptables, pero a menos que tengas tu propio despacho privado, tendrás que encontrar medios más imaginativos para echar una cabezada. Aquí tienes tres posibilidades:

- A la hora del almuerzo, siempre puedes irte al coche y reclinar el respaldo del asiento todo lo que puedas.
- Si en la empresa hay un gimnasio, puedes tumbarte en una alfombrilla y hacer algunos ejercicios de relajación.
- Si estás verdaderamente desesperado, vete a un cubículo en los lavabos de caballeros, siéntate, colócate un rollo nuevo de papel higiénico debajo del cuello, como si estuvieras sujetando un violín, y cierra los ojos.

TÁCTICAS PARA

PERMANECER ERGUIDO EN TU MESA

Hay veces en que no puedes echarte una siesta y tienes que superar el día como sea. Veamos algunos métodos para mantenerte consciente en tu despacho. Cuatro o cinco de ellos, usados conjuntamente, pueden ayudarte a conseguirlo.

1. Un ventilador oscilante que te proporcione una brisa fresca irregular.
2. Notas de *Post-it* para todo (porque no puedes confiar en tu cerebro).
3. Café (que deshidrata) y una bebida isotónica (para reabastecer tus electrolitos).
4. Chicle (menta o canela, preferentemente, ya que son estimulantes naturales).
5. Música aguda y disonante (las gaitas son perfectas).
6. Paradas cada hora para subir escaleras (lo cual te oxigenará la sangre).
7. Barritas energéticas para almorzar (una comida pesada te amodorra).
8. Una jofaina con agua fría para meter los pies descalzos dentro (suena un poco ridículo, pero es mano de santo).
9. Un despliegue extraordinario de fotos del bebé, para recordar a todo el mundo que sean tolerantes contigo, en caso de que acabes por caerte redondo sobre el teclado.

Léele tu REVISTA de DEPORTES al bebé

Los expertos están de acuerdo en que es buena idea leer incluso a bebés muy pequeños. Dicen que oír las palabras leídas en voz alta ayuda a «preparar» el cerebro de un bebé para que se concentre y, con el tiempo, reconozca ciertas pautas sonoras, los elementos constructores del lenguaje. Se trata, básicamente, de que el bebé se «enganche a la fonía».

¿Por qué no instituir un ritual diario de lectura papá-bebé lo antes posible? Será divertido para los dos y aunque el pequeño no sepa diferenciar un pato de un pomo, oír tu voz reforzará su conexión contigo y lo reconfortará.

En cuanto al material de lectura, no puedes equivocarte si usas tu *Marca*. ¿Por qué? Por las siguientes razones:

- Al bebé le atraerán las imágenes. La mayoría de los uniformes deportivos tienen mucho contraste, al cual los bebés reaccionan visualmente. Les ENCANTAN los árbitros.
- Al bebé le cautivarán tus comentarios de cada jugada. Incluso puedes ensayar una voz como la de Matías Prats o José María García, si te apetece.
- Al bebé le fascinará tu exagerada articulación del nombre de atletas famosos (DI-KEM-BE MO-TUM-BO, HI-DE-KI MAT-SU-I y de la mitad de los jugadores de la Liga).
- Estarás al tanto de todos los partidos que ya no puedes ver y, por lo menos, conservarás algún vestigio de tu anterior vida.
- La pasión que muestras por el tema se le contagiará al bebé. Si no te van los deportes, siempre puedes leerle el texto de algún catálogo por correspondencia. Pero no te acerques a *Man*; podría despertar el deseo de pecho materno.

Guía de cochecitos de bebés para HOMBRES

Los hombres que no van a comprar una sillita se pierden una oportunidad de oro para soltar frases como «radios giratorios», «plegado por muelles» y «rendimiento todo terreno». Si dejas esa tarea exclusivamente en manos de tu pareja, entonces no podrás quejarte cuando te encuentres tratando de circular por el centro comercial con un cochecito al estilo antiguo, con una capota estampada con ositos de peluche.

Tres cosas que debes hacer antes de comprar una sillita:

Prueba de conducción

Calibra la manejabilidad y el comportamiento en las esquinas cerradas. ¿Puedes hacerla girar con una sola mano? ¿El manillar es lo bastante alto para que no tengas que ir encorvado? Convierte un pasillo de la tienda en una pista de *slalom* donde puedas comprobar los límites de la silla.

Inspecciona las partes móviles

Pliega y despliega la silla. ¿Puedes hacerlo con una sola mano (suponiendo que lleves al bebé en la otra)? Prueba el mecanismo de cierre, el de reclinado y los frenos. ¿Están bien hechos? ¿Son cómodos para el usuario? ¿Hay un arnés de seguridad de cinco puntos? Sacude la silla para ver si es sólida.

Levantar y transportar

¿Podrías acarrearla por un tramo de escaleras? ¿Tu pareja podría levantarla y meterla en el maletero? Recuerda que también vas a transportar pañales, toallitas, juguetes, biberones y hasta doce kilos de niño.

Algunos padres mal orientados creen que es una buena idea «dejar que sea el bebé quien decida», poniéndolo en varias sillitas para ver cómo reacciona. Es muy mala idea, sobre todo porque los bebés lloran por muchas razones diferentes y lo que tú crees que es un rechazo al cochecito puede ser un retortijón de hambre.

LOS SEIS TIPOS BÁSICOS DE COCHECITO

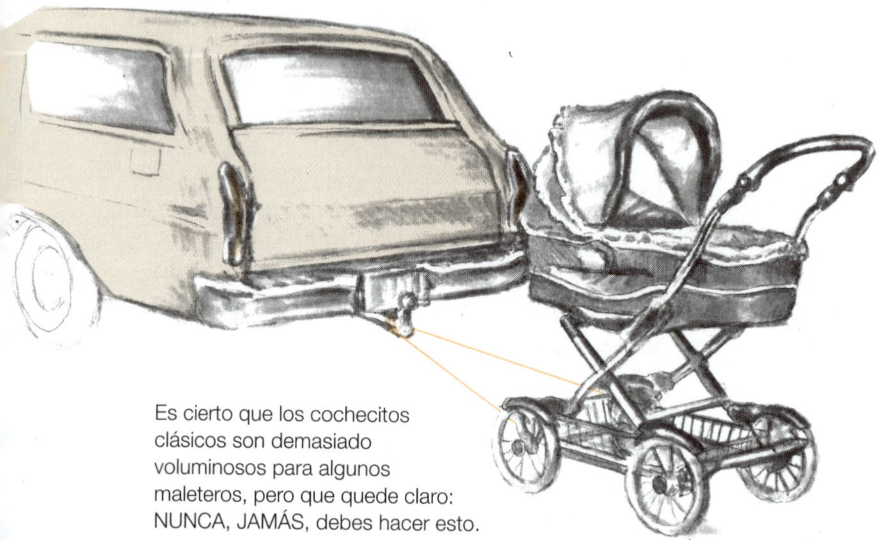

Es cierto que los cochecitos clásicos son demasiado voluminosos para algunos maleteros, pero que quede claro: NUNCA, JAMÁS, debes hacer esto.

Los cochecitos combinados son cochecitos típicos que se metamorfosean en sillitas cuando el bebé crece. Dado que los bebés de menos de tres meses deberían estar echados (para el apoyo de la cabeza), este vehículo ofrece unas condiciones ideales para el recién nacido. Y su configuración permite que el padre y el bebé estén cara a cara. Pero cuando les quitas la parte superior y quieres utilizarlos como sillita, no funcionan del todo bien. El chasis es pesado y las ruedas no giran, así que tiene una maniobrabilidad limitada.

Las sillitas combinadas son similares en concepto a los anteriores. La diferencia está en el chasis. Pesan mucho menos (por lo general, entre nueve y doce kilos), se pliegan completamente y tienen ruedas con un giro de 360º, por lo que son mejores en los espacios reducidos.

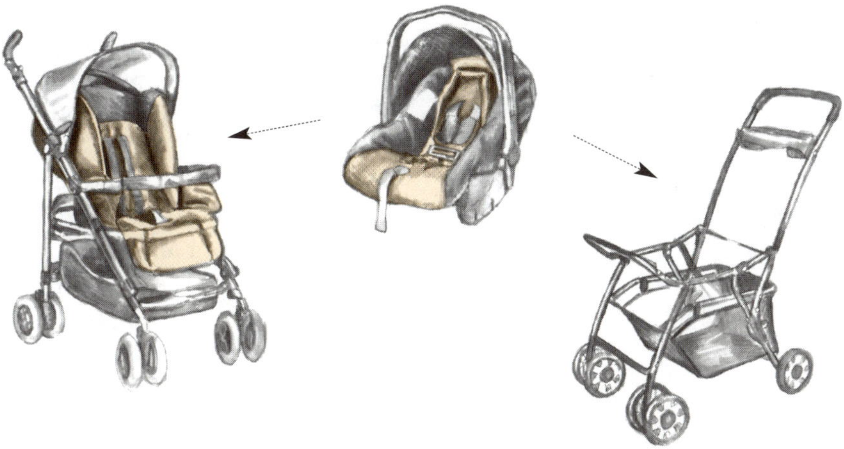

Los sistemas integrales y los portabebés para coche proporcionan dos medios para pasar al bebé desde el coche a su sillita sin sacarlo del asiento del coche. Los primeros son sillas básicas con adaptadores especiales que permiten acoplarles una silla de coche que sea segura para los recién nacidos. Algunos de estos sistemas se venden con sus propias sillas de coche y otros admiten diversas marcas. En general, tienden a ser voluminosos. Los segundos consisten en una sencilla estructura de silla de paseo con ruedas, en la que puedes acoplar y desacoplar la silla del coche a voluntad. Se doblan hasta quedar del tamaño de una silla plegable de metal, pesan menos de cinco kilos y son relativamente baratos.

Las sillas ligeras pesan entre cuatro y ocho kilos y son estupendas para quienes viven en una ciudad. Las mejores son sorprendentemente resistentes (y sorprendentemente baratas) y cuentan con tecnología para abrirlas y plegarlas mediante un resorte. Algunos de los modelos más nuevos vienen con asientos que se doblan por completo hacia atrás, hasta quedar horizontales, de forma que se pueden usar para un recién nacido. Otros tienen barras de anclaje para instalarlos en el coche. Las ruedas pequeñas son una desventaja para los suelos desiguales y la bolsa para guardar cosas, excesivamente reducida, obliga a muchos padres a colgar bolsas en los manillares, lo cual puede desequilibrar la silla. (Si se añaden contrapesos a las ruedas delanteras, se resuelve el problema.)

Las sillas ligeras pueden volcarse.

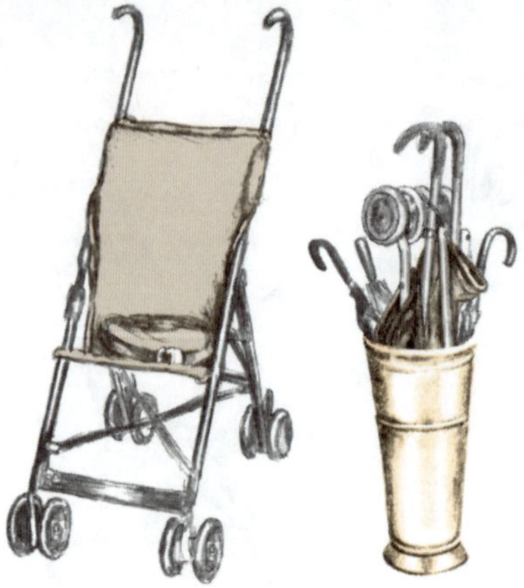

Las sillas paraguas son el Dos Caballos del mundo de los niños. Son baratas, ultraligeras, poco sólidas y, finalmente, desechables. Van dotadas de un forro encima de la estructura. Si viajas y necesitas algo ligero de verdad para usar en los aeropuertos, son recomendables. De lo contrario, ni te acerques (al cerrarlas, tiendes a pillarte los dedos).

Las sillas todo terreno son los cuatro por cuatro del mundo de las sillas. Estas bestias de tres ruedas tienen la base de la rueda muy ancha, algo óptimo para el caso de una colisión contra otra silla de las mismas características. Son perfectas para las caminatas extremas y a campo abierto, pero su tamaño y peso hacen que sean impracticables para el uso diario. Tampoco se deberían usar hasta que el bebé pueda sostener la cabeza. Y por muy fanático que seas de ir a correr, no compres nunca una de estas sillas hasta bastante después de que nazca el bebé. Y entonces ya verás cuánto quieres correr. Lo más corriente es que, en cuanto nace el bebé, los corredores descubran muchas pegas.

Las sillas clandestinas son piezas que tienen un cochecito de paseo escondido dentro. Hasta ahora hay en el mercado sillas mochila, donde el armazón de la mochila se convierte en el cuerpo del cochecito, y sillas asientos de coche, donde todo el cochecito está oculto dentro de la base de la silla del coche. Seguro que en otoño del 2008 aparecerá la silla bolsa de pañales.

Algunos accesorios útiles
(que se venden por separado):

- Protección de plástico para la lluvia.
- Cobertura para proteger los pies del bebé cuando hace frío.
- Capota para proteger de los rayos ultravioleta.
- Espacio para poner una taza con tu café con leche.
- Bandeja de actividades con un espacio para el sándwich.
- Bolsa de malla acoplable, para poder guardar más cosas.

El conjunto del recién nacido

Estás viendo la pieza más importante del vestuario que el bebé tendrá durante su primer año de vida. Es la mezcla perfecta de comodidad y funcionalidad, sirve como pijama y como ropa deportiva y responde perfectamente a la forma del cuerpo del bebé y a su activo estilo de vida. Tanto si está holgazaneando en casa como paseando en la sillita, el pijama con pies, también llamado pelele, es lo indicado.

Y lo mejor de todo es que no hay que hacer pasar la cabeza por un agujero. A los bebés no les gusta que les metan la cabeza por un agujero; puede que piensen que quieres embutirlos otra vez en el útero. Los peleles se abren desde el cuello hasta los tobillos (por medio de una cremallera o de botones), así que solo tienes que poner al pequeño encima y guiar sus brazos y piernas por los lugares apropiados.

Y la guinda: cuando el bebé crece y se le quedan pequeños, les cortas los pies y tienes un pijama normal. Le pones unos calcetines y ya estás listo para salir.

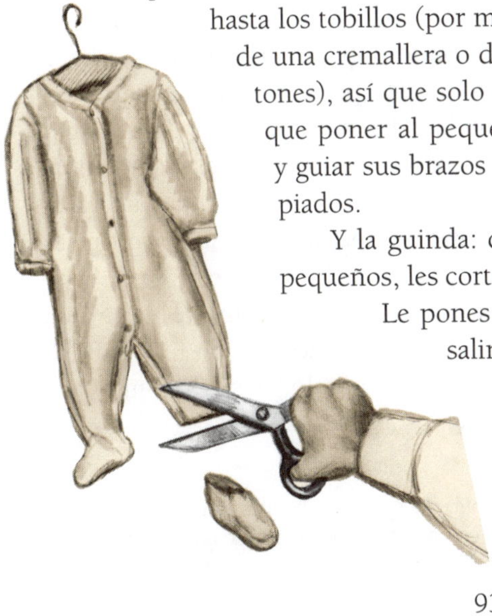

Puede que tu pareja trate de añadir la idea de la estética a la combinación, eligiendo, contra toda lógica, engalanar al bebé con jerséis y pantalones, mallas y leotardos, cosas de marca con cuellos diminutos y entrepiernas inaccesibles. Aunque es inútil luchar contra ella en este terreno, siempre puedes volver a cambiar al bebé y ponerle su pelele cuando te toque estar de guardia.

Los papás no visten así a sus hijos.

ROPA PARA EL FRÍO Y PARA EL CALOR

El bebé no necesita más ropa que tú y, normalmente, te lo dirá mostrándose irritado si tiene demasiado calor o frío. Si quieres un indicador, tócale la nuca. Si la notas demasiado fría o demasiado caliente y sudorosa, adapta la ropa. Cuando hace frío, es mejor vestir al bebé por capas que puedes quitarle y ponerle según cambie la temperatura. Y si necesita guantes, ponle un par de calcetines en las manos.

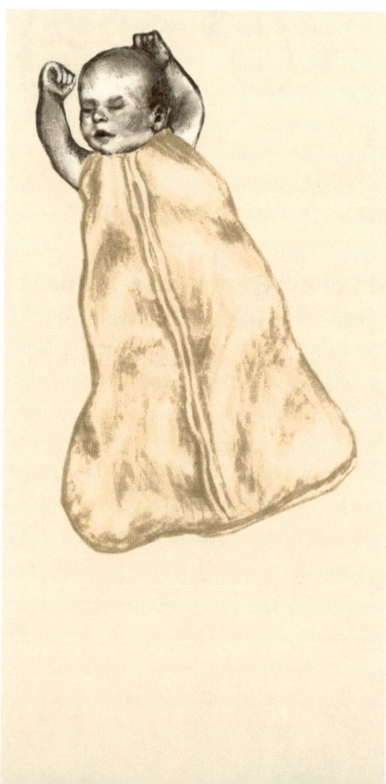

Dormir en invierno

Cuando hace frío de verdad, quizá sea necesario ponerle una capa más encima del pelele, pero las mantas han sido condenadas por peligrosas para los bebés. Ahí es donde entra el saco de dormir. Se trata de una manta que es al mismo tiempo una prenda de vestir, sin mangas ni cuello, lo que le da al bebé un aspecto de larva gigante, pero que impide que se destape de una patada, un truco al que los bebés son muy aficionados.

Dentro del saco de dormir el bebé parece a punto de convertirse en crisálida.

El sol

Los primeros meses, trata a tu pequeño como si fuera un vampiro, protegiéndolo del sol directo todo lo posible. Cuando salgas con él, procura taparle con ropa holgada y manga larga.

Cuando alcance los seis meses, puedes aventurarte al sol durante períodos limitados, pero no olvides cubrirle cualquier superficie descubierta con crema de protección solar. Hazte también con un par de gafas de sol para protegerle los ojos, pero no te sorprendas si pasan más tiempo en el suelo que en su cara. Un gorro ligero, con visera (arriba), también impedirá que la luz excesiva le dañe los ojos y, además, le protegerá el cuello y la cabeza.

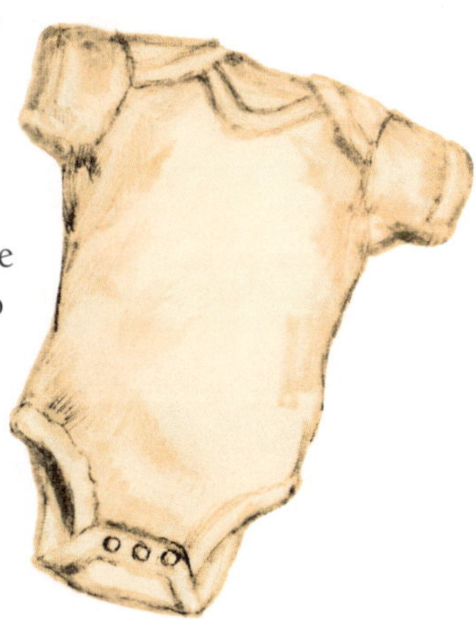

Dormir en verano

¿Qué haces cuando hace demasiado calor para ponerle un pelele? Prueba esto que ves aquí. Se llama ranita y no tiene complicaciones. Un cuello holgado, cierres en la entrepierna, ¿qué puede tener para no gustarte? Si está desabrochada, parece que tu bebé lleve frac.

Y si el agujero del cuello resulta pequeño, puedes estirarlo poniéndolo en una botella de dos litros de refresco durante un par de horas para que ceda.

DE 4 A 6 MESES

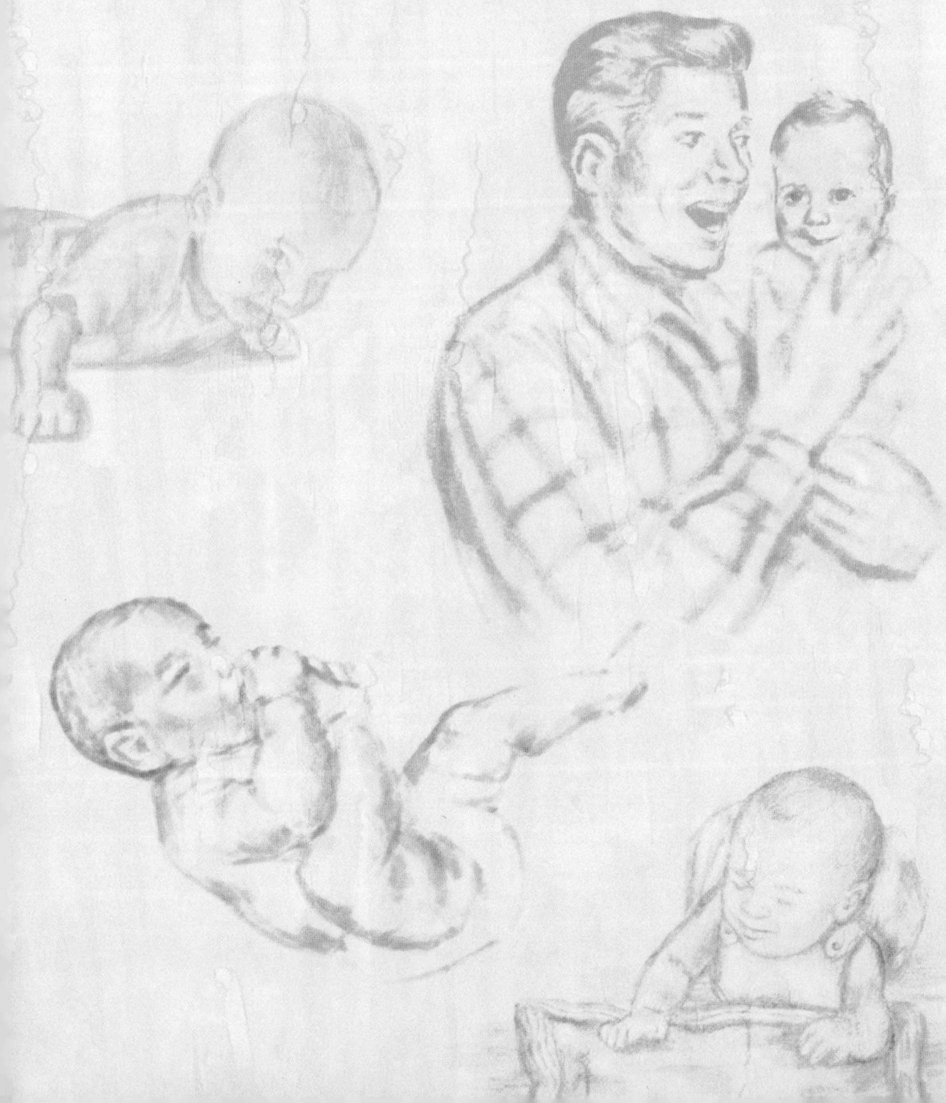

Tu SALUD mental

Es probable que ya hayas empezado a darte cuenta de que la mayor parte del tiempo que pasas con el bebé a esta edad no es tanto un tiempo de calidad, como una cantidad de tiempo… horas y horas de mantenimiento físico de rutina, salpicado con saltos sobre las rodillas, canciones y, de vez en cuando, enfrentamiento de miradas. Miras el reloj pensando que han pasado dos horas y solo han transcurrido quince minutos.

Después de un tiempo, el aislamiento y la falta de estímulos mentales pueden empezar a volverte loco. Es posible que te sorprendas contestando ansiosamente al teléfono para hablar con cualquier vendedor, agradecido por la más mínima relación con un adulto. También puedes quedarte paralizado, con la mirada fija en un vídeo para bebés, cuando tu pequeño lleva un buen rato dormido a tu lado. Igualmente, sin darte cuenta, quizá adviertas que acabas todas tus conversaciones con un «adiooós» dicho en un tono agudo. ¿Es que se te está empezando a reblandecer el cerebro? ¿Qué puedes hacer al respecto?

Pasos que puedes dar para recuperar algo parecido a la estabilidad mental:

- **Crea un santuario.** Exige el uso exclusivo de una habitación y mantenla libre de bebé al cien por cien. (Si vives en un piso, reclama para ti un trastero.) Haz que la habitación sea un homenaje a tu anterior vida. Cuelga

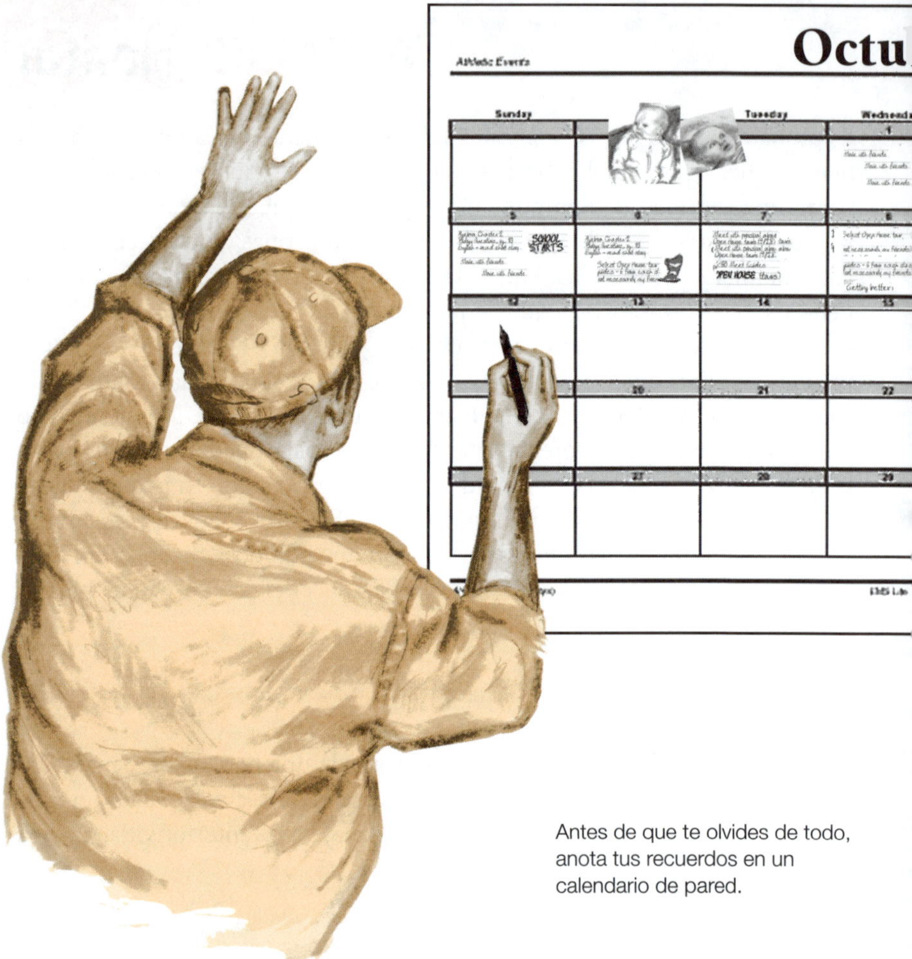

Antes de que te olvides de todo, anota tus recuerdos en un calendario de pared.

tus viejos carteles de conciertos, los letreros de calles robados, los bongos, el adorno del capó de tu primer coche y la cabeza reducida que tu tío te trajo al volver de Singapur. Siempre que el bebé duerma, retírate a tu santuario para recuperar cierta paz mental.

- **Mánchate los dedos de tinta.** La vida con un bebé es como una vida conservada al vacío. Para mantenerte conectado con el mundo, lee el periódico siempre que tengas la oportunidad. De esta manera, la próxima vez que participes en una conversación entre adultos, tendrás algo que decir, aparte de describir las últimas técnicas en empaquetado de bebés.

- **Mantén tu peso de pelea.** Algunos padres sufren un embarazo de contagio después de nacer el bebé, como resultado de comer cosas raras, a horas raras y de no hacer casi ningún ejercicio. Pero es importante que te mantengas dentro de tu peso de antes del bebé, no solo porque te sentirás mejor, sino porque cuando el pequeño empiece a gatear, tendrás que ser capaz de levantarte de un salto al instante. Si pierdes medio paso, tu cámara de vídeo puede quedar carbonizada.
- **Despega.** El tiempo en el interior es mucho más lento que en el exterior. Así que cuando estés con el bebé y el minutero de tu reloj parezca congelado, coge al pequeño y sal por ahí, a algún sitio, a cualquier sitio. Date una vuelta por la tienda de recambios de automóvil. Deja que él toque el dibujo de los neumáticos y mire todos esos tapacubos tan relucientes.
- **Reúnete con otros padres.** Si quieres sentirte mejor con esa vida que tienes ahora, no salgas con hombres solteros. Aunque no dejes de decirte que sus vidas están vacías y desprovistas de un propósito más elevado, es difícil no sentir envidia de su libertad. Sin embargo, si pasas algún tiempo con otros padres recientes, acabarás sintiéndote mucho mejor contigo mismo. A la monotonía le encanta la compañía.
- **Toma notas.** Es probable que te hayan regalado uno de esos álbumes del bebé y no hayas puesto nada desde hace un mes, por lo menos. Olvídalo pero, en cambio, prueba a colgar uno de esos enormes calendarios en algún lugar de la casa (la cocina es ideal). A diferencia del álbum, siempre sabrás dónde está y podrás escribir en él hasta con el bebé en brazos. Siempre que pase algo interesante, anótalo. También puedes pegar fotos en las páginas. Al acabar el mes, arranca la hoja y guárdala en algún sitio seguro para futuras consultas.

Mirar el calendario sirve al doble propósito de recordarte que *a*) no, el tiempo no se ha detenido, y *b*) incrustados en la monotonía hay algunos momentos verdaderamente asombrosos y memorables. Saborea esos momentos, porque nunca volverán a producirse, por lo menos con este niño.

¿Reanudar la vida SEXUAL?

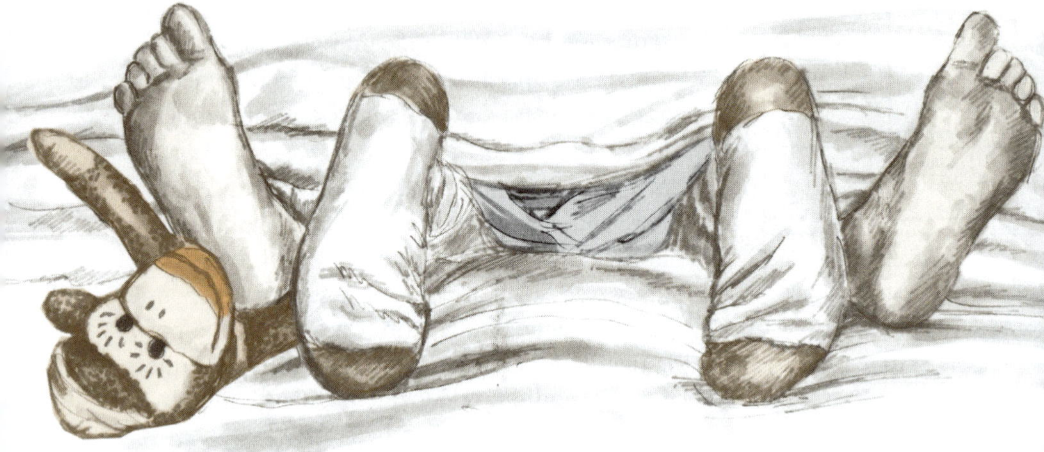

Antes de que empieces a dejarte dominar por el pánico respecto a tu vida sexual (o a la falta de ella) después de la llegada del bebé, piensa en lo siguiente: según un reciente estudio publicado en el *Journal of Family Practice*, por lo menos el 50 % de las parejas reanuda las relaciones sexuales alrededor de dos meses después del parto y más del 90 % lo hace antes de que acabe el cuarto mes. Así que puedes dar por sentado que volverás a estar en el negocio para el día 120 (con nuestras más sentidas condolencias para el 10 % restante).

Aunque puede parecerte que cuatro meses es una eternidad, piensa en el hecho de que eso es lo que costará, por lo menos, sacarte el recuerdo del parto de la cabeza. No se puede negar que el nacimiento de un bebé es un acontecimiento milagroso, pero la experiencia de ver esa enorme cabeza viscosa emergiendo del útero de tu pareja es un poco espeluznante, algo de lo que cualquiera que haya visto la película *Alien* puede dar fe.

Cuanto estés listo, dispuesto y te sientas capaz, tienes que esperar hasta que tu pareja se sienta igual. Hasta entonces, ten paciencia. Quizá sería una buena idea conseguir una conexión de alta velocidad a Internet.

Por qué tu pareja puede mostrarse fría

- Sus hormonas reprimen sus impulsos sexuales, para asegurarse de que ella cuida de este bebé, en lugar de crear uno nuevo.
- Su cuerpo acaba de realizar una hazaña digna de Houdini y se está recuperando.
- Lo más probable es que la estén succionando, amasando, manoseando y chillando todo el día y es posible que no tenga ganas de que nadie más la succione, amase, manosee o chille durante un tiempo.
- Ya no cabe dentro de su ropa, lo cual puede llevarla a temer que no la encuentres atractiva. Haz todo lo que puedas para convencerla de lo contrario.

Engrasar los engranajes

El papá preparado sabe que el juego erótico no empieza en el dormitorio ni tampoco justo antes del acto sexual.

- En cuanto sea posible, reserva una noche a la semana para que tú y tu pareja podáis estar libres del bebé, aunque solo sea por un par de horas. Id a jugar a los bolos, al billar o a ver una película. Cualquier cosa que devuelva un poquito de equilibrio a vuestra vida es buena.
- El humor es un gran afrodisíaco. Sorpréndela escribiéndole notas en el pañal del bebé con un rotulador y asegúrate de que sea ella y no su madre la siguiente en cambiarlo.
- Haz como si la intimidad te importara más que el sexo. Esto puede ser difícil de conseguir, considerando que luchas contra millones de años de herencia masculina. Pero presionar a tu pareja no servirá de nada. Así que, en este punto, deja que un abrazo sea el fin en lugar de un medio.
- Deja caer insinuaciones sutiles. Puedes decir cosas como: «He leído en algún sitio que se ha demostrado que el sexo reduce el estrés y alivia el dolor de espalda y de cuello. No solo eso, sino que, además, puede ayudar a que la piel retenga elasticidad y se retarde el proceso de envejecimiento. Qué interesante, ¿verdad?».

  Por cierto, todo lo que acabamos de decir es verdad.

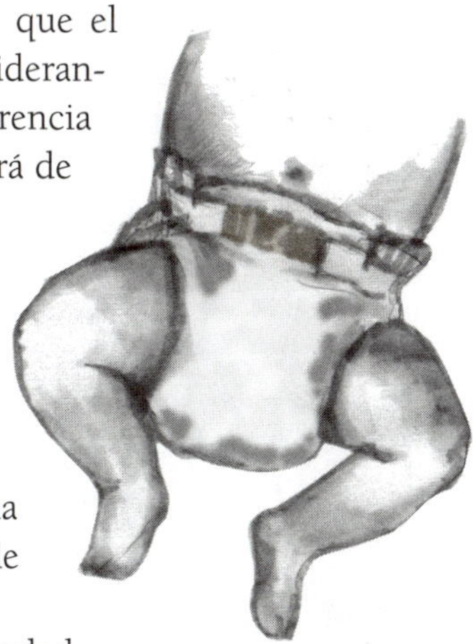

- Si estás cerca del punto de ruptura, puedes preguntarle si está dispuesta a hacer algo para ayudarte a superar tu frustración. Después de todo, no todas las partes de su cuerpo están doloridas. A cambio, puedes prometerle llevarte al bebé por ahí, todo un día, para que pueda disfrutar de tiempo para ella. Acostúmbrate a este tipo de trueques, ya que son una parte esencial de la dinámica paterna.

La gran noche

¿Cuándo estará preparada para desbloquear tu tarjeta de socio? No des nunca por sentado que hoy es el día, pero estate siempre preparado, por si acaso.

- Aféitate y dúchate con tanta frecuencia como sea posible.
- Ten una caja de zapatos destinada exclusivamente a guardar los lubrificantes (absolutamente esenciales para el sexo después del parto), los preservativos (puede volver a quedarse embarazada antes de lo que crees) y todo lo que favorece el buen humor, como bebidas, velas, aceites de masaje, su música favorita, etc.
- Nunca, jamás, despiertes a tu pareja para tener relaciones sexuales. Es como quitarle la comida a un animal salvaje.

- No trates de hacerlo en la misma habitación donde está el bebé. Un sesenta por ciento de parejas acaban haciéndolo, pero la primera vez ya es lo bastante tensa, sin un bebé que gruñe y no para de moverse a poco más de un metro de distancia.
- En cualquier lugar que elijas para la relación, primero límpialo de juguetes ya que no querrás darte la vuelta a media sesión y poner en marcha la canción «Todos los patitos».
- Programa tu escapada para que coincida con el momento de sueño más profundo del bebé, que empieza, por regla general, entre quince y veinte minutos después de que lo pongas a dormir. Pero no olvides que los bebés parecen tener un sexto sentido cuando se trata de la actividad sexual de sus padres y eligen el momento más inoportuno para ponerse a llorar. Tal vez su instinto les dice que tienen que estar alerta para eliminar a un posible competidor.

Protege tu ESPALDA

Por ser un hombre, buena parte del levantamiento de pesos recaerá en tus espaldas (literalmente). Prepárate para cargar con el bebé durante largos ratos, acarrear de un lado para otro todo su equipo, doblarte y torcerte para meterlo y sacarlo del coche, levantar el cochecito del maletero y, de vez en cuando, coger en brazos a tu pareja, solo para demostrarle que no ha engordado después del embarazo.

¿Es de extrañar que al cabo de un año por lo menos un 50 % de hombres sufra dolores de espalda?

Apuntarte a un gimnasio en este momento sería como un acto de optimismo ciego y es posible que te ganaras la desaprobación de tu pareja, que está abrumada y con exceso de ejercicio. Esto significa que tienes que encontrar un medio de reforzar la espalda mientras sigues pendiente del bebé. A continuación tienes algunos ejercicios para que empieces.

Torsión abdominal con pegatinas

Músculos utilizados: abdominales y oblicuos

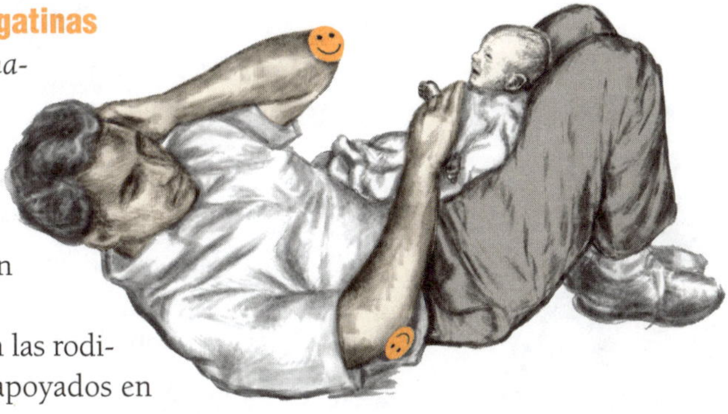

1. Pégate una gran cara sonriente (cualquier cosa con un dibujo servirá) en el codo izquierdo.
2. Túmbate de espaldas con las rodillas dobladas y los pies apoyados en el suelo.
3. Pon al bebé encima de tus muslos y sostenlo con firmeza con la mano derecha, mientras colocas la izquierda un poco por detrás de la cabeza, con los dedos tocando la oreja.
4. Mientas espiras, lleva lentamente el codo izquierdo hacia el bebé hasta que el hombro se separe del suelo. Intenta acercar la pegatina hasta unos treinta centímetros de la cara del bebé.
5. Aguanta durante tres segundos, tensando los abdominales y luego inspira mientras bajas la espalda hasta el suelo.
6. Repite y luego cambia de codo.

Empieza con dos series de diez movimientos cada una.

Torsiones con silla para el coche

Músculos usados: oblicuos

1. Empieza con los pies separados en línea con los hombros y la espalda recta.
2. Coge con la mano izquierda la silla o portabebés del coche (con el bebé sujeto dentro). Pon la mano derecha en la cintura.
3. Dóblate lentamente hacia la izquierda todo lo que puedas y luego vuelve, lentamente, a la posición inicial.

Empieza con dos series de diez movimientos con cada brazo.

En este ejercicio, el bebé hace la función de las pesas.

Deslizamientos sobre la pared con mochila portabebés

Músculos utilizados: espalda, caderas, cuadríceps

1. Con el bebé en la mochila delantera, ponte de pie con la espalda apoyada en la pared y los pies separados en línea con los hombros.
2. Deslízate por la pared hasta tener las rodillas dobladas en un ángulo de 45 a 60 grados. Mantén tensos los abdominales.
3. Cuenta hasta cinco y deslízate hacia arriba.

Empieza con dos series de cinco a diez movimientos cada una y aumenta lentamente el número de movimientos y la duración de cada uno. Este ejercicio se hace mucho más difícil conforme crece el bebé.

Circuito de entrenamiento para el BEBÉ

¿Estás con el bebé y quieres encontrar una buena manera de matar media hora? Prueba a montar todos sus aparatos de juego en la sala y haz que se entrene un poco en el circuito. El bebé tendrá su primera experiencia de una sesión de gimnasio y tú puedes ser su preparador personal, arrastrándolo de estación en estación y gritando «¡Campeón! ¡Campeón!», mientras haces que demuestre de qué es capaz.

En el mundo adulto, este entrenamiento consiste en una serie de ejercicios, normalmente con máquinas, destinados a proporcionarte un trabajo rápido y eficaz para todo el cuerpo. El circuito del bebé funciona de la misma manera. Cuando lo haya completado, habrá desarrollado sus músculos, su coordinación y su equilibrio. Mantén la costumbre y tendrás el bebé más cachas de todo el parque.

Cuando coloques las estaciones, recuerda que no quieres repetir ejercicios similares en sesión continua. Es preciso dar a esos mini músculos algún tiempo para descansar entre series. Dedica unos cinco minutos a cada estación y tómate un corto descanso entre una y otra. Y si tu renacuajo empieza a mostrarse irritado antes de haber completado el circuito, da la sesión por terminada y pasa directamente al descanso. Habrá que esperar hasta la próxima vez para conseguir esas nalgas de acero.

1ª PARADA

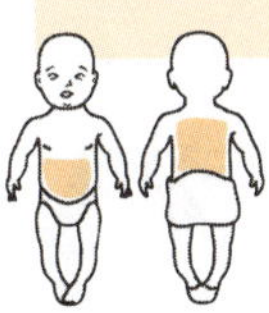

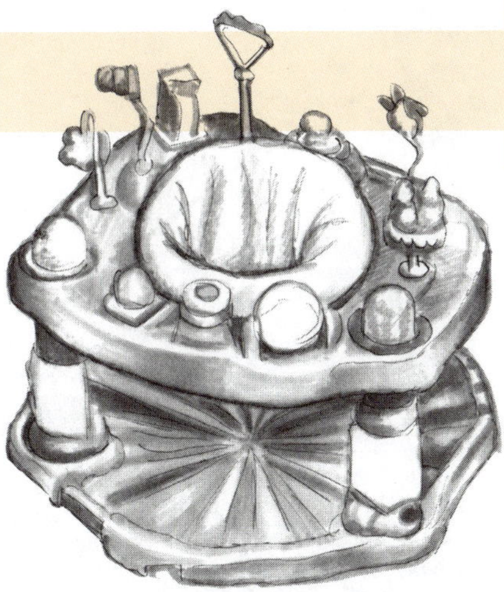

El Exersaucer es un artilugio parecido a un tacataca con dos niveles, una base redonda y un asiento de tela. Al bebé se le coloca de pie, lo cual ayuda a que desarrolle músculos esenciales (abdominales y espalda).

2ª PARADA

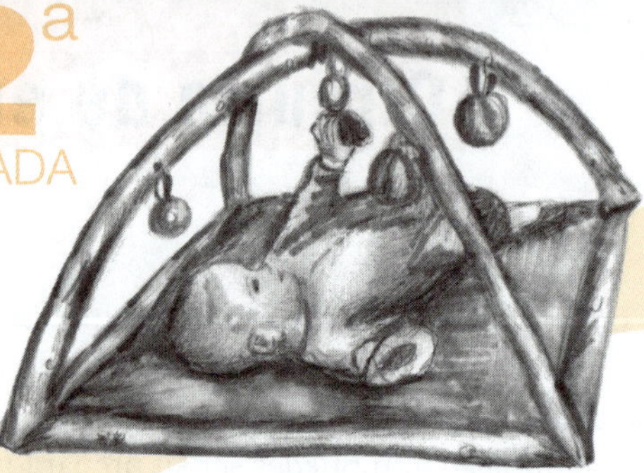

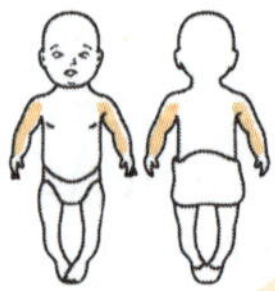

El gimnasio mini es un juguete popular que consta de una alfombrilla y unas barras cruzadas. Cada barra tiene agujeros en distintos puntos, que te permiten colgar juguetes cerca del alcance del bebé. Mientras agita brazos y piernas, desarrolla los bíceps y tríceps, así como la motricidad.

3ª PARADA

El saltador consiste en un asiento en forma de cubo y unas cuerdas elásticas y se cuelga del dintel de una puerta. A los bebés suele encantarles y quizá sientas la tentación de dejarlo allí mientras le dure la diversión. Pero un uso excesivo puede ser perjudicial para las articulaciones del bebé. Este aparato ejercita los glúteos, cuadríceps y los músculos de las pantorrillas.

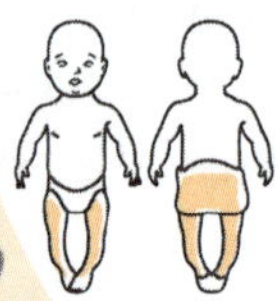

4ª PARADA

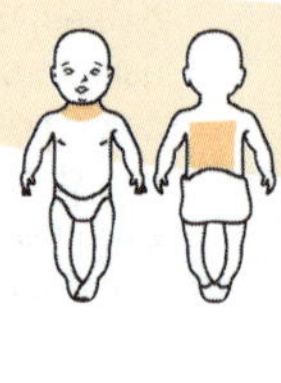

Boca abajo en la alfombrilla de juegos es una de las actividades que menos les gustan a los bebés, pero es muy importante. Cuando está tumbado sobre la barriga, tiene que esforzarse para mantener la cabeza y el cuello erguidos para poder mirar alrededor. Esto desarrolla los músculos del cuello y la espalda, que son muy importantes para gatear.

7ª PARADA

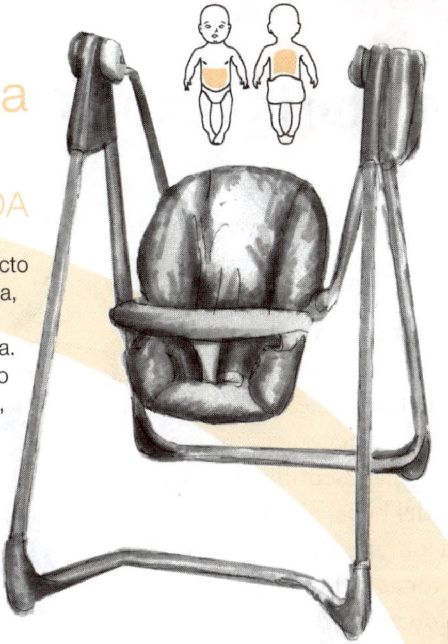

El balancín es un lugar perfecto para relajarse y, con frecuencia, lo mejor para que el bebé se tome una siesta bien merecida. Además, pronto habrá crecido demasiado para poder usarlo, así que aprovéchalo mientras puedas.

6ª PARADA

El cojín de lactancia ayuda a sostener al bebé mientras aprende a sentarse. Siéntalo en el interior del cojín con algunos de sus juguetes favoritos delante. Ayuda a desarrollar la espalda y los músculos abdominales.

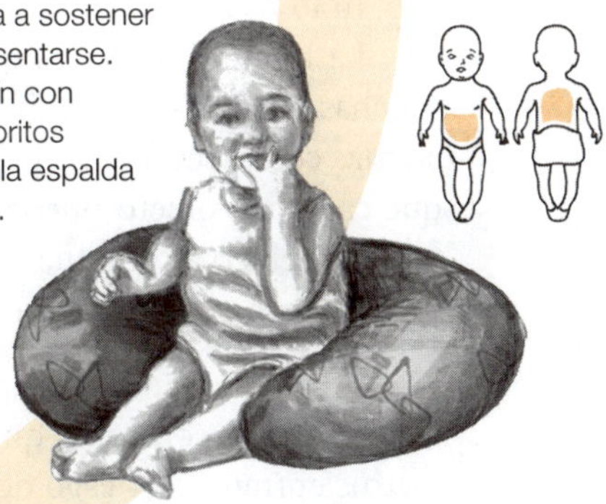

5ª PARADA

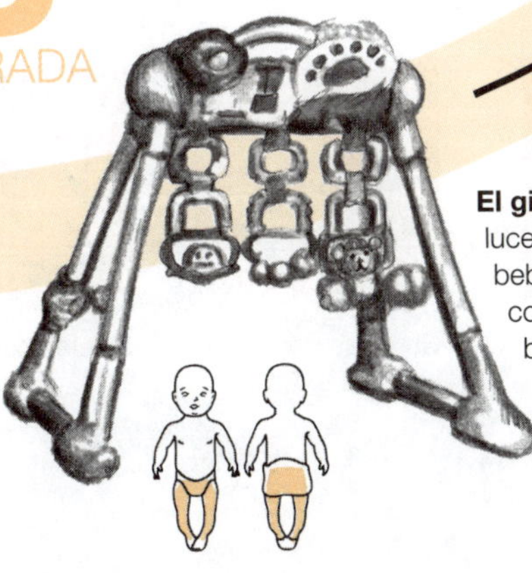

El gimnasio para patear tiene colgadas luces y juguetes con sonidos. Cuando el bebé le da una patada a los juguetes, consigue un pequeño espectáculo. Es bueno para reforzar la parte inferior del cuerpo, la motricidad gruesa y la percepción de profundidad.

Cómo atarlo todo al BEBÉ

Tirar cosas debe de ser inmensamente satisfactorio para los bebés: ver cómo desaparece el objeto, oír el «plaf» o el «bom», ver la animada reacción de papá y luego presenciar cómo reaparece en el horizonte.

Hasta que encuentres un medio de cerrar todas las escotillas en la vecindad inmediata del bebé, tendrás que capear su tendencia a tirar o dejar caer todo lo que toca. Biberones y chupetes sucios, juguetes abandonados en los aparcamientos del centro comercial y cuencos de cereales esparcidos por todo el suelo de la cocina. Además, gozarás de una espalda dolorida de tanto jugar a «Yo lo tiro, tú lo recoges».

La buena noticia es que hay muchas opciones disponibles para atar las cosas (mira más abajo) y que casi cada objeto puede asegurarse al bebé o a cualquier aparato en que se aloje en ese momento.

Una advertencia: si estás pensando en fabricarte tus propios cordeles, recuerda que se considera que cualquier cosa que mida más de quince centímetros entraña un riesgo de estrangulamiento.

Tazas con base de ventosa

Juguetes con base de ventosa

Cordeles para chupete

Sujetabiberones

GÉRMENES Y REGLA DE LOS CINCO SEGUNDOS

La regla de los cinco segundos afirma que si el bebé deja caer algo al suelo y tú lo recoges antes de que pasen cinco segundos, no está oficialmente «sucio». No obstante, una vez que han pasado esos cinco segundos, es preciso lavarlo.

Aunque nunca se ha demostrado clínicamente, la regla de los cinco segundos es aceptada como el Evangelio por los padres de todo el mundo. Por lo general, las madres tienden a ser más exigentes cuando se trata de la limpieza, pero quizá un planteamiento más relajado no sea malo (dentro de lo razonable, claro). Veamos algunos argumentos a favor de la tolerancia:

El tercer hijo. Es bien sabido que los padres se vuelven más y más perezosos con cada hijo que tienen y que, al llegar al tercero, ya esterilizan muy poco. Como decía un padre: «Cuando el primero dejaba caer el chupete, lo enjabonaba y aclaraba con agua antes de volver a dárselo. Al segundo se lo limpiaba en mi camisa. Al tercero se lo devolvía de una patada». A pesar de todo, estos terceros hijos parecen ser tan sanos y robustos como sus hermanos más asépticos.

Los gérmenes no están por todas partes. Un estudio informal de la Universidad de Illinois encontró que el número de bacterias que había en el suelo de docenas de lugares del campus —la cafetería, la biblioteca, delante de las máquinas dispensadoras— era notablemente bajo. Para probar la regla de los cinco segundos, tuvieron que esparcir bacteria *E.coli* en las baldosas del suelo y dejar caer comida directamente encima. Y sí, la comida quedaba contaminada en el espacio de cinco segundos. Así que la lección es esta: si el bebé deja caer algo encima de unas cacas, no se lo devuelvas por muy rápidamente que lo recojas.

Cómo se propagan los gérmenes. La mayoría de bebés atrapan sus gérmenes a la antigua… es decir, de otros bebés. Las guarderías, los parques, esas habitaciones llenas de pelotas de goma son enormes platos petri donde los bebés intercambian microbios. Puedes intentar controlar dónde juega y con quién juega, pero para cuando un padre se entera de que su hijo está enfermo, el tuyo ya ha estado expuesto al contagio.

Cadenas de plástico para bebé

Cintas para muñecos

Tu tiempo. Si tuvieras que esterilizar algo todas las veces que el bebé lo tira, no tendrías tiempo para relacionarte con él.

Sistemas para tomar la TEMPERATURA

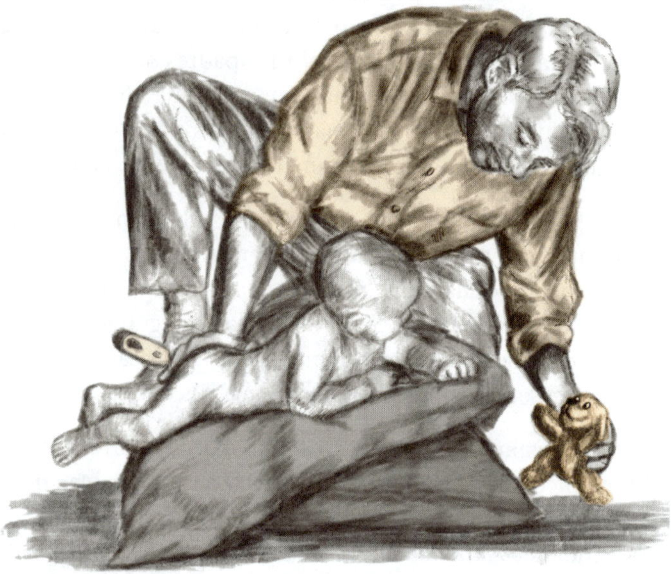

No existe un modo fácil y divertido de tomarle la temperatura al bebé. Puedes probar varios:

- El térmometro de oído, que puede ser enormemente impreciso, en especial para los niños muy pequeños.
- El método de la axila, que es un poco más fiable, pero que tarda mucho en dar la temperatura.
- La técnica de la mano en la frente, que te dará una idea general.
- El termómetro rectal, que es de lejos el sistema más preciso, pero también el más humillante. Esperemos que el bebé borre esa experiencia de su memoria.

Si vas a tomar el camino rectal, cerciórate de comprar un termómetro digital flexible y no el anticuado termómetro de cristal, que podría romperse. Esterilízalo con alcohol, aclaralo con agua tibia, sécalo y luego unta la punta con algún lubrificante inocuo para bebés.

¿Cómo consigues que el bebé se esté quieto mientras le tomas la temperatura? Está claro que es más fácil con ayuda de tu pareja, pero en caso de que estés actuando solo, aquí tienes una técnica comprobada por los padres para mantener inmóvil a tu desconcertado e incómodo bebé durante la ocupación:

1. Pon dos almohadas, una encima de la otra, en el suelo y una toalla encima de las dos.
2. Quítale el pañal al bebé y ponlo boca abajo para que tenga la barriga encima de las almohadas. Ábrele las nalgas e inserta el termómetro unos dos centímetros.
3. Sostén el termómetro en su sitio poniendo la mano plana encima del trasero del pequeño con el termómetro entre los dedos índice y corazón. De esta manera si el bebé hace un gesto brusco, tu mano y el termómetro se moverán con él.
4. Usa la otra mano para mover un peluche, haciéndolo bailar, cantar, hablar con el bebé, lo que sea necesario.
5. La mayoría de termómetros digitales pitan cuando la temperatura ha sido calibrada correctamente. Comprueba el resultado, ofrécele mil disculpas al peque y, si es necesario, toma las medidas oportunas.

Cómo tratar la fiebre

La fiebre en sí misma no es el mejor indicador de la salud del bebé. Los cambios de conducta —apatía, mal humor, llanto incesante— son unas señales mejores de que el bebé está enfermo y se debe llamar al pediatra.

En lo que hace a la fiebre, aquí tienes unas directrices generales:

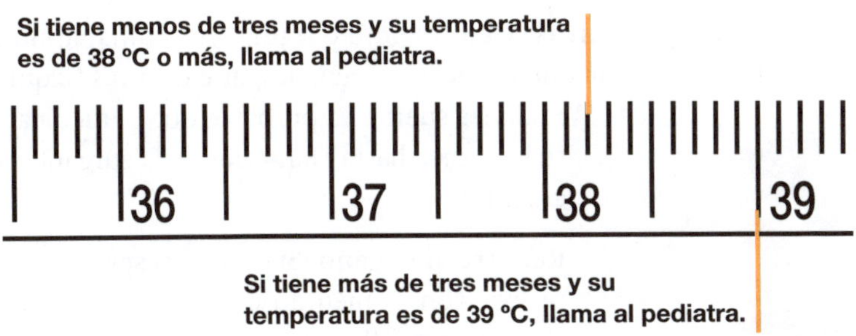

Entre los métodos corrientes para hacer bajar la fiebre está la medicación antipirética, los baños con agua tibia, las compresas frías y darle gran cantidad de líquido.

Cómo echar medicina en un BEBÉ

Si quieres ganarte tus galones como padre, tienes que llegar a ser un dispensador de medicina de primera clase. Esto exige astucia, firmeza y, a veces, la pura traición, ya que es casi seguro que el bebé ofrecerá resistencia.

Algunas maneras que hacerle tragar el medicamento:

Conviértelo en un juego. «¡Mira... esta medicina es divertida!». Túrnate con tu pareja para «darle de comer» el medicamento a ella, a ti mismo, a un peluche y luego al bebé.

Disimula el sabor. Algunos medicamentos pueden mezclarse con comida o congelarse (pregúntaselo al farmacéutico). Mézclalo con un plato de compota de manzana o con un poco de leche en el biberón. Congélalo (con lo cual amortiguarás el sabor) y viértele chocolate líquido por encima. Si usas una jeringuilla o un gotero, prueba a mojarlo en azúcar.

Evita las papilas gustativas. Con un gotero o una jeringuilla, apunta a la zona entre la mejilla y la encía inferior, hacia la parte de atrás (izquierda). Si tienes suerte, es probable que el medicamento se le deslice hasta el interior de la garganta sin incidentes.

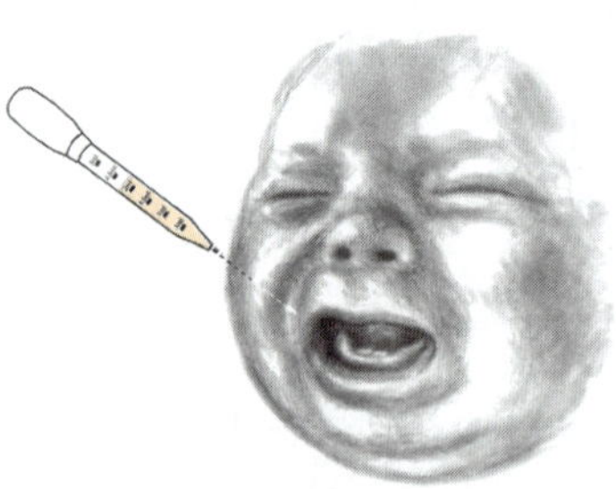

Recurre al engaño. Si estás desesperado, puedes probar con el método del caballo de Troya: un chupete modificado que, una vez dentro de la boca del bebé, escupe medicina. Pero queda advertido: puede que el bebé se enfade muchísimo por esta traición ya que el chupete era una de las pocas cosas fiables de su vida. También puedes darle helado y después de cinco o seis cucharadas, cuando tenga la boca bien abierta, dispararle rápidamente un chorro de medicina, seguido a toda velocidad de una cucharada de helado. Es posible que no sepa qué ha pasado.

Cambia de sabor, concentración o forma. Los medicamentos vienen en multitud de sabores, así que si uno no funciona, prueba con otro. Algunas prescripciones vienen en concentraciones diferentes. Opta siempre por la dosis más fuerte, porque así tendrás que darle menos cantidad. También puedes evitar la boca por completo, si hay supositorios.

LA MEDICINA Y EL NIÑO CON MAL GENIO

Algunos bebés sencillamente no saben lo que les conviene. Como no hay más remedio que hacerles tragar el medicamento, es posible que tengas que recurrir a la técnica del cuatrero:

1. Apoya un cojín en uno de los brazos del sofá y extiende una toalla por encima para evitar manchas.
2. Envuelve al bebé con una manta, inmovilizándole las manos a los costados.
3. Acuéstalo contra el cojín. Cerciórate de que no esté plano del todo (para que no se ahogue).
4. Siéntate en el borde del sofá, inclínate hacia él y con suavidad, pero con firmeza, sujétale la barbilla con una mano, mientras le introduces una pequeña cantidad de medicina por dentro de la mejilla (ve la página anterior) con la otra.
5. Sóplale suavemente en la cara. Esto pone en marcha el reflejo de tragar.
6. Repite los pasos 4 y 5 hasta que hayas terminado toda la dosis de medicamento.
7. Dale las gracias al bebé y dile que pague en recepción al salir.

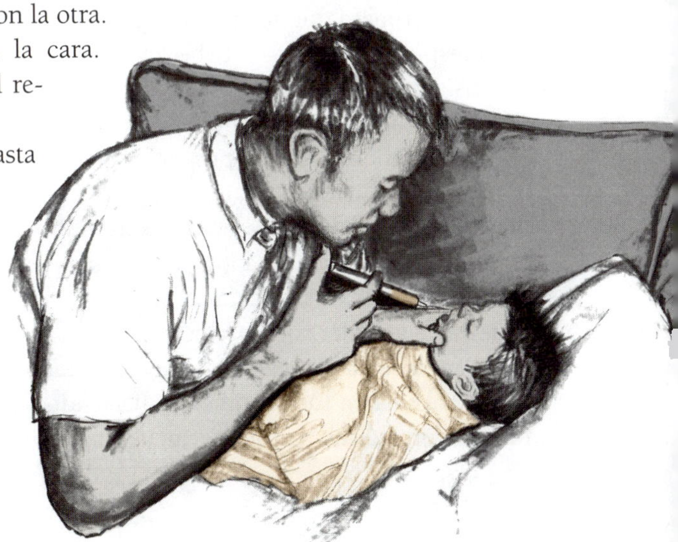

Cómo calmar al niño que está echando los DIENTES

Niños echando dientes, de Miguel Ángel.

Si el bebé empieza a babear incontrolablemente, se irrita sin razón aparente, se despierta a cada hora y trata de llevarse a la boca todo lo que encuentra, ¡enhorabuena! Se está incorporando a las filas de la gente con dientes.

Pero es probable que celebrar este hito sea lo último en que piensas. Quizá lo primero que se te ocurre es: «¿Por qué yo?». Justo cuando empiezas a respirar aliviado —el bebé duerme más horas seguidas y tú y tu pareja volvéis a hablaros—, el inicio de la dentición es un brusco recordatorio de que la serenidad es un término frágil y pasajero.

Por término medio, el primer diente del bebé sale entre los seis y los siete meses, pero pueden aparecer síntomas meses antes de que asome su cabecita puntiaguda (a veces, se nota un bulto debajo de la encía). Junto con los síntomas que hemos anotado más arriba, mejillas rojas, sarpullido en la barbilla, diarrea, unas décimas de fiebre, encías inflamadas o sangrantes y la negativa a comer van, también, asociados a la dentición.

Pero la señal más evidente es el exagerado volumen de babas que le caen por la barbilla en todo momento, haciendo que parezca una de esas cursis fuentes con querubines que se encuentran en el patio de algunas personas.

Puede empapar cinco o seis mudas al día.

Como los pediatras se apresuran a señalar, estos síntomas pueden ser indicativos de otras molestias, así que si persisten o si te preocupan, llama al médico.

La caja de herramientas de la dentición

Cuando tú echabas los dientes, es posible que tus padres te frotaran las encías con anís, un viejo y probado remedio de la gente del campo que los doctores de hoy no quieren recetar. Tal vez tengan miedo a que te pongas a dar vueltas a lo loco a la cuna del bebé o quizá temen que te automediques y caigas redondo encima del cambiador. La verdad es que el alcohol es una toxina y que demasiada cantidad puede perjudicar al bebé.

Dado que el mono está fuera de cuestión, veamos algunas ofertas alternativas:

Tus nudillos y tus dedos. Los nudillos parecen tener el tamaño y la firmeza perfectos para que el bebé los muerda. También puedes proporcionarle alivio si le aplicas una suave presión con el dedo en la encía.

Juguetes para la dentición. Muchos juguetes de este tipo tienen bultos y nódulos para que el bebé los mordisquee, pero si es muy pequeño quizá no tenga la destreza para sostenerlos. También puedes usar un pequeño cepillo de dientes para bebé que te colocas en el extremo del dedo. Las cerdas alivian el escozor de la dentición.

Objetos diversos congelados. Hay muchas cosas que, cuando las metes en el congelador, se convierten en juguetes para la dentición. Cucharas, plátanos, rosquillas, zanahorias, chupetes y manoplas se pueden congelar y aplicar a las encías del bebé. Pero una vez que el diente ha salido, ten cuidado de que el bebé no arranque pedacitos de esos alimentos congelados y se los trague (lo mismo puede decirse de las galletas de dentición compradas en la tienda).

Las rosquillas congeladas se pueden sujetar al bebé, el cochecito o la trona.

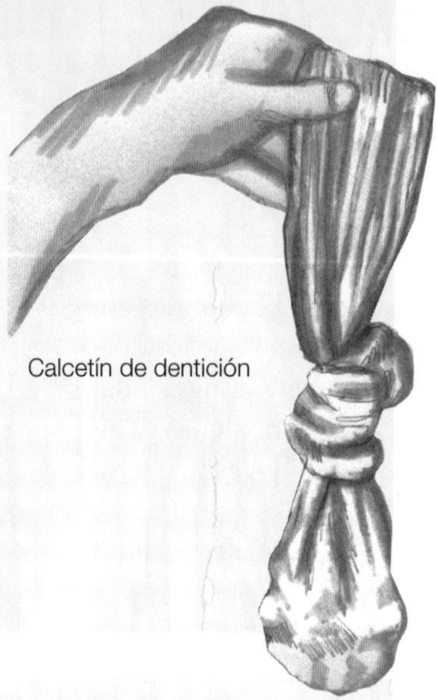

Calcetín de dentición

Puedes crear un elemento eficaz de ayuda a la dentición poniendo hielo triturado o trozos de manzana congelados dentro de un calcetín limpio. Una vez atado el calcetín, el bebé puede sostenerlo y morder el contenido (y disfrutar del sabor de las manzanas). Puedes comprar un comedero de malla, que resulta parecido a este invento.

Geles de dentición. Estos anestésicos, que se venden sin receta, adormecen el tejido de las encías y pueden proporcionar un alivio instantáneo. Aunque el efecto es rápido, no dura mucho y solo se puede aplicar el gel tres o cuatro veces al día.

Acetaminofeno. Este es, tal vez, el remedio más efectivo para solucionar los problemas de la dentición nocturna. El ingrediente activo en el Tylenol infantil, el acetamonifeno, actúa durante hasta cuatro horas, proporcionándote por lo menos una tirada de cuatro horas de sueño. Consulta al pediatra antes de darle cualquier medicina al bebé. (Para saber cómo darle un medicamento al bebé, ve a la página 114.)

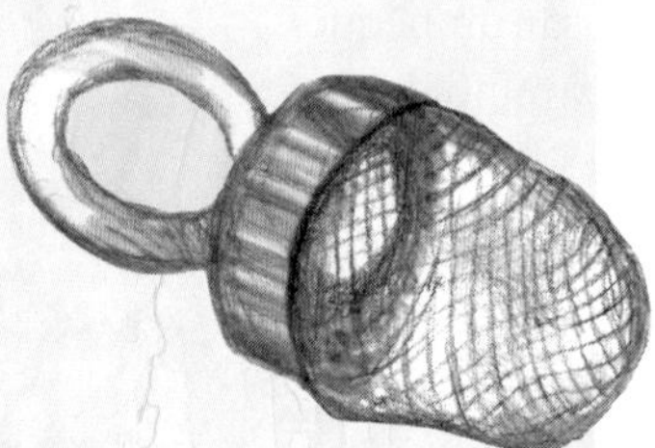

Comedero de malla

Gel de dentición

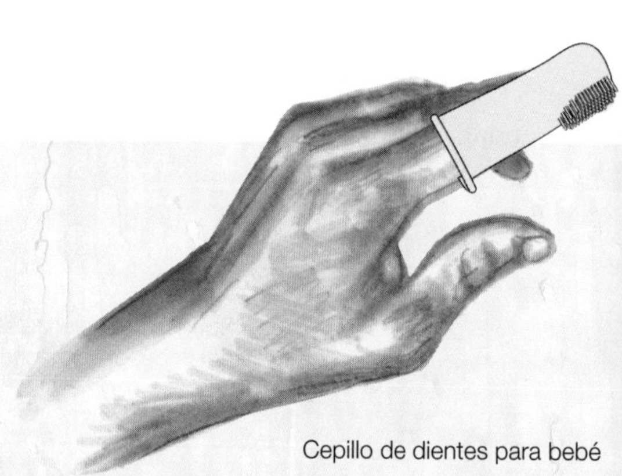

Cepillo de dientes para bebé

Conservación de los dientes

No lavarías el coche si fueras de camino al desguace, ¿verdad? Entonces, ¿por qué ocuparte de un diente de leche si, de todos modos, se va a caer? Bien, hay tres razones importantes para que el mantenimiento de los dientes sea una parte importante de la rutina diaria.

- Los dientes de leche les guardan el sitio a los dientes adultos y perderlos antes de tiempo puede deforman la boca del bebé.
- Los dientes de leche no se caen hasta el cabo de cinco años, así que si quieres que el bebé disfrute de un jugoso bistec, será mejor que cuides de esos dientes ahora.
- A menos que tenga intención de dedicarse al hip hop, sería un poco chocante que el único diente de tu bebé llevara una buena funda de oro.

Para mantener sus dientes limpios, puedes pasarle, diariamente, una manopla, una gasa o el cepillo para bebés. En este momento, no es necesario usar dentífrico. Además, no le dejes dormir durante mucho rato con el biberón o el pecho en la boca porque el azúcar de la leche puede provocarle caries. Procura que reciba suficiente flúor, sea dándole agua del grifo o complementos de flúor. Y cuando llegue a los dos años, puedes llevarlo al dentista de pediatría.

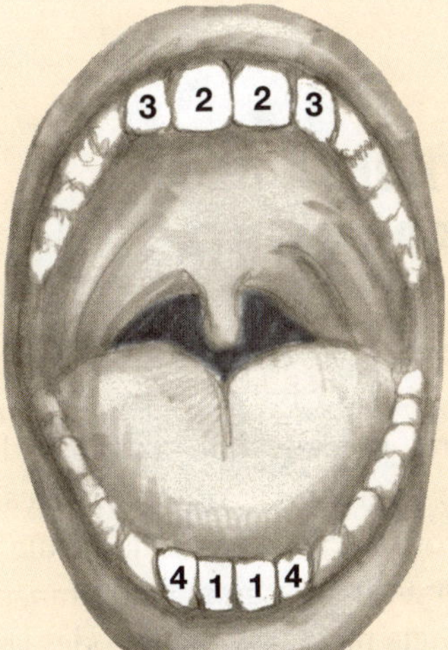

Orden de aparición de los dientes

Los primeros salen entre los 6 y los 10 meses.

Los segundos salen entre los 7 y los 11 meses.

Los terceros salen entre los 8 y los 12 meses.

Los cuartos salen entre los 9 y los 13 meses.

Esto es solo algo general. Algunos bebés no echan un diente hasta después de su primer cumpleaños y otros salen del útero exhibiendo una perla blanca. (Este diente suele extraerse para evitar el riesgo de asfixia cuando se le caiga.)

Prepárate para SALIR

Salir de casa con un bebé es como trasladar al Papa. Hay que cargar con una cantidad exagerada de cosas. Además, por alguna razón, el tamaño del bebé es proporcionalmente inverso al peso de la carga.

Una de las mayores ventajas que tienen los padres sobre las madres es su capacidad para salir de casa rápidamente. Esto es así porque se rigen por una de las leyes cardinales de la paternidad:

Una vez que has logrado salir de casa con el bebé, no vuelvas a entrar pase lo que pase.

Si te has olvidado de algo, cómpralo de nuevo o arriésgate sin ello. Pero si conviertes en norma el volver a entrar a buscar cosas, acabarás paralizado por la indecisión y nunca te pondrás en marcha.

Muchos padres sienten sudores fríos cuando se enfrentan a su primer viaje en solitario con el pequeñajo. Bien mirado, si ni siquiera dominas cuidarlo dentro de casa, donde hay abundante comida, cobijo, equipo y acceso inmediato a los servicios de urgencias, ¿qué te hace pensar que puedes sobrevivir en campo abierto?

En una palabra: ¡preparación!

TU BOLSA DE HERRAMIENTAS

Lo más probable es que tu pareja tenga algo llamado bolsa de pañales y casi seguro que tiene todo el aspecto de un bolso grande. ¿De verdad quieres cargar con eso arriba y abajo? Quizá sea mejor usar una bolsa del gimnasio o una vieja mochila y meter todas las cosas del bebé dentro. Qué importa que no haya un departamento especial para las toallitas húmedas. ¿Es preciso estar tan organizado? Si tienes que comprarte algo, entonces ve a alguna tienda de excedentes del ejército y hazte con una bolsa de herramientas de infantería. Son bastante baratas, ligeras y están hechas de una lona muy resistente. Y tienen suficiente espacio y compartimientos para todos tus pertrechos. ¿Cuántas otras bolsas de pañales han sido probadas en el campo de batalla?

Hay ocho artículos básicos que deben estar en tu bolsa de herramientas:

1. **Pañales.** Por lo menos dos más de los que crees que vas a necesitar.
2. **Toallitas húmedas.** Para todo, desde la contención de líquidos a la esterilización de juguetes.
3. **Bolsas de plástico.** Para meter pañales y toallitas usados y ropa sucia.
4. **Cambiador.** Para poner debajo del bebé cuando lo cambias.
5. **Biberones.** La leche materna puede guardarse en biberones junto con bloques fríos, dentro de una pequeña bolsa para biberones. La leche de fórmula en polvo se puede guardar en una bolsa con cremallera y verterla en el biberón lleno de agua.
6. **Ropa.** Para ti y para el bebé. Una muda completa para él y una camisa extra para ti, por si acaso.
7. **Entretenimientos.** Los juguetes apropiados a su edad proporcionan estímulo y distracción para atajar una llorera.
8. **Trapo protector para regurgitaciones.** Para que no andes por ahí oliendo a leche devuelta.

No te preocupes de memorizar esta lista. En la frase que hay a continuación, la primera letra de cada palabra es también la primera letra de una de las cosas de tu lista. Memoriza la frase y nunca te quedarás con la bolsa vacía.

> « PARA TRATAR BIEN (AL) CRÍO
> BASTA REZAR (Y) ESTAR TRANQUILO. »

Artículos suplementarios

Como debes estar preparado para cualquier cosa, tal vez te interese llevar también los siguientes objetos adicionales:

Multiherramientas. Las navajas suizas son útiles para todo, desde abrir el bote de leche en polvo a reparar la sillita.

Cinta adhesiva superfuerte. Buena para reparar la silla y el portabebés, como sujeción de emergencia para pañales, etc.

Chupetes extra. Aunque el bebé lleve uno prendido de la camisa, siempre es bueno llevar tres o cuatro extra.

Reloj resistente a la leche regurgitada. Los relojes de buceo son ideales. Si pueden sobrevivir cien metros bajo el mar, el vómito del pequeño no tendría que ser un problema.

Llavero juguete. Aunque te parezca tonto, sujeta un juguete o un pequeño peluche al llavero. Para las situaciones en que necesitas una distracción inmediata, es el as de la baraja.

Cámara. Si el teléfono móvil no lleva una, coge tu cámara. Nunca se sabe qué toma merecedora de un *e-mail* se puede presentar de improviso.

Asegúrate de meter una llave extra del coche en tu cartera, para situaciones de emergencia. Más de un padre falto de sueño ha cerrado el coche dejando dentro sus llaves y al bebé en el asiento trasero.

Es posible que creas que esto nunca te pasará a ti y es probable que así sea, pero de todos modos, mete la llave en la cartera. Lo difícil que es tranquilizar a un bebé de seis meses a través de la ventanilla del coche solo corre parejas con lo humillante que resulta explicarle a la telefonista del servicio de emergencias la naturaleza de tu problema.

SALIDAS MOLONAS de 4 a 6 meses

Hasta ahora, podías llevarte el bebé casi a cualquier sitio y lo más probable es que reaccionara igual a todos. Pero entre los cuatro y los seis meses, la personalidad bulliciosa del bebé está empezando a emerger y habrá actividades que preferirá claramente a otras.

- **Supermercados.** El despliegue de colores, texturas y sonidos entusiasmará el bebé. Haz que toque diferentes productos: una crujiente bolsa de patatas y un frío pavo congelado. Y sobre todo, evita la atomización del producto.
- **Tiendas de animales.** Los pájaros que pían, los enormes acuarios burbujeantes, los hámsters y los lagartos tendrán al bebé absorto durante largos períodos de tiempo. Si te sientes culpable por dar vueltas y más vueltas sin objeto, cómprale un juguete de pito para perro.
- **Escaleras automáticas.** Subir y bajar por las escaleras automáticas le ayudará en su creciente percepción de la profundidad y del seguimiento de objetos y seguro que cosecha sonrisas y saludos de todos los que van en sentido contrario. (Sin embargo, no uses NUNCA la sillita en las escaleras.)
- **Museos de arte.** En general, a la mayoría de bebés les gusta el realismo, en especial los retratos de personas y animales donde las caras se distinguen claramente. La escultura también los atrae, igual que las pinturas con formas grandes y limpias.
- **Las fiestas populares.** Son una ocasión idónea para que el bebé se empape de sonidos —la algarabía, la música, incluso los petardos— y de formas estimulantes. En la mayoría de ellas hay programas específicos para los niños.

Conducir y LLORAR

Cuando llevas a un bebé en el coche, conduces con esa sensación de ir a un sitio que asociamos a los conductores de ambulancias y los taxistas de cualquier ciudad. Sabes que en cualquier momento el renacuajo puede romper a llorar. Y si alguna vez te has visto atrapado en un atasco de tráfico con un bebé desgañitándose en el asiento trasero, entonces sabes qué es la desesperación.

Hay ciertas veces en que hay que parar el coche para poner remedio a la situación. Si está mojado, tienes que cambiarlo. Si tiene hambre, tienes que darle un biberón (pero si ya come sólidos, puedes sujetar una taza con comida al asiento del coche). Si le molesta la luz, puedes pegar un protector contra el sol en la ventana. Pero para todo lo demás, puedes aliviar los sollozos del asiento trasero empleando las tácticas siguientes:

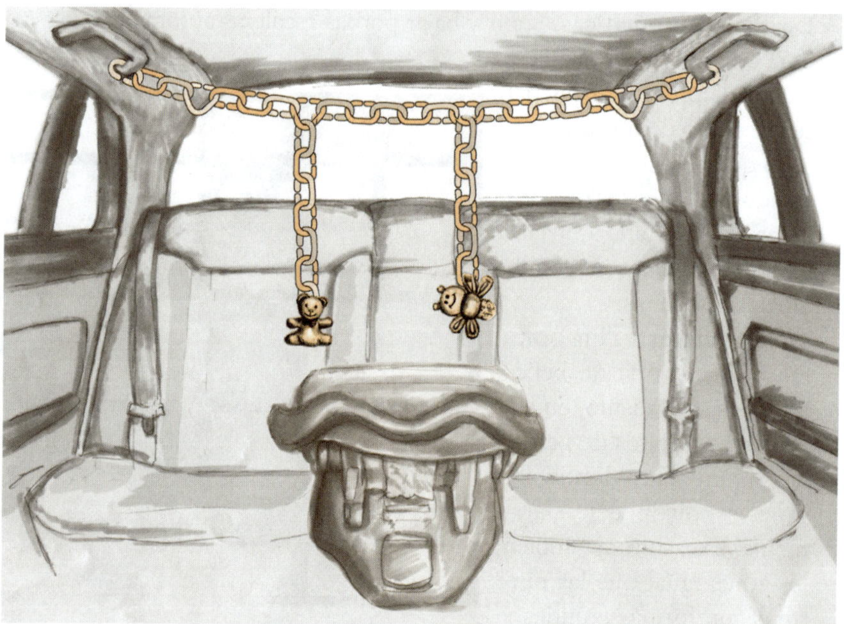

- Coloca cadenas de plástico a través del asiento trasero, sujetas a los agarraderos que hay encima de las ventanas. Cuelga juguetes blandos de los eslabones. Cada vez que te pares, puedes quitar los juguetes viejos y poner otros nuevos. Eso sí, vigila que la cadena no te dificulte la visión y que los juguetes estén a la altura ideal para que el bebé los coja y les dé golpes.

Pega fotos en una toalla para tener entretenido al bebé durante el viaje.

- Pon una caja llena de juguetes a tu lado en el asiento delantero y dáselos al bebé de uno en uno. Recuerda, no podrás recoger las cosas cuando él las tire, así que te recomendamos que cargues a tope al principio de cada viaje. Es también buena idea tener múltiples chupetes a mano.
- Pega con cinta adhesiva extrafuerte retratos de la familia y dibujos en blanco y negro a una toalla (o directamente a la tapicería, si el coche es de alquiler) y sujétala sobre el respaldo del asiento trasero con cinta adhesiva para que no se caiga. Asegúrate de que las imágenes queden bien sujetas para que el bebé no se las meta en la boca. También puedes comprar algo llamado «galería» que tiene pequeñas bolsas donde puedes colocar las fotos.
- Si crees que el bebé está demasiado cansado, gira el dial de la radio hasta conseguir ruido blanco o abre las ventanas para lograr un sonido sibilante. Si estás metido en un atasco total, puedes poner y quitar el freno para crear un movimiento de balanceo.
- Pon la radio alta o busca hasta que encuentres una canción que sosiegue al bebé.

LA CANCIÓN DEL TÍTERE Y EL ESPEJO

Esta técnica poco conocida suele dar resultados cuando falla todo lo demás, aunque es posible que a la Guardia Civil de tráfico no le haga gracia.

Necesitarás tres cosas:

- Un títere de guante que puedas ponerte sin entorpecer la conducción.
- Un espejo que se pueda sujetar al asiento trasero y se incline para que el bebé te pueda ver y tú puedas verlo a él por el retrovisor. Ese espejo es un buen elemento para cualquier viaje en coche, porque te permite ver al bebé. (Hay uno llamado *The Car Seat Companion* que se puede comprar en Internet.)
- Un CD o una cinta de canciones infantiles.

Instrucciones:

Ponte el títere en la mano y cerciórate de que el bebé lo puede ver por su espejo. Capta su atención hablando con voz de títere, alta y ridícula. Pon en marcha el CD y canta, abriendo y cerrando la boca del títere al mismo tiempo. El bebé pensará que está viendo la tele. Pero no olvides nunca que tienes que mantener los ojos en la carretera.

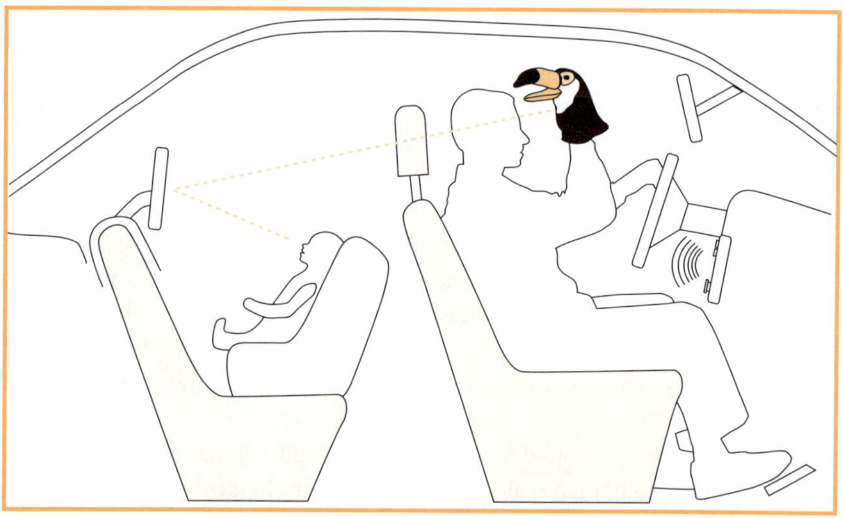

Es probable que la gente de los coches que pasen a tu lado no pueda ver al bebé y quizá crean que estás loco, pero ese es el precio que hay que pagar para tener un bebé callado y tranquilo.

Usar al bebé como COARTADA

Los hombres con bebés parecen más honrados, sensibles y responsables que sus homólogos sin bebés. Mientras que, sin el bebé, las mujeres pueden verte como un depredador y los hombres como un rival, con el bebé eres un tiarro grandote e inofensivo tanto para ellas como para ellos.

Aunque sientas unos deseos enormes de rebelarte contra este prejuicio, no lo hagas. En cambio, ¿por qué no aprovechar esta repentina santidad? Si tienes que negociar con alguien, llévate al bebé.

Cuando lo prepares para el golpe, tienes que asegurarte de que está bañado, cambiado y despierto. También sería una buena idea que le pidieras a tu pareja que lo vista. Recuerda: lo que buscas es que esté monísimo al máximo.

Algunas ideas:

Para devolver una compra si has perdido el recibo

Para unos resultados óptimos, pon al bebé, dentro de su sillita del coche, encima del mostrador del servicio al cliente. Si se te resisten, puedes decir que el bebé se ha comido el recibo y que estás dispuesto a quitarle el pañal para buscarlo.

De jurado en un juicio

Llévate al bebé contigo a la selección y aprovecha para enseñarle los agujeros del sistema legal al mismo tiempo. Con un bebé sentado encima de tus rodillas y que no para quieto ni un momento, no hay duda de que te enviarán rápidamente a casa.

Para conseguir los mejores asientos

Cuando lleves al bebé a un acontecimiento deportivo, dale una propina al acomodador y dile que es el primer partido que ve el pequeño y que te encantaría que lo viera de cerca.

Para que te dejen pasar en las colas largas

Esto puede salir bien de dos maneras. Pueden invitarte a pasar si te ven con el bebé o pueden adoptar un aire despectivo y fingir que no te ven, pero si hay un pañal maloliente de por medio todas las probabilidades están a tu favor.

Para ligar

Si eres un padre soltero, limítate a pasear por el centro comercial y espera a que piquen. Si estás casado, ¿por qué no le prestas el bebé a un amigo soltero? Por supuesto, tú también debes estar, como refuerzo, pero no camines a su lado. La gente podría creer que está comprometido.

Para tomarte un día libre por enfermedad

Ahora que tienes el bebé dispones de muchas más excusas para hacer novillos en el trabajo. Estás enfermo, el bebé está enfermo, la canguro no ha aparecido y así sucesivamente. Antes de llamar al jefe, bájate el clip del bebé que llora de www.beprepared.net y ponlo en marcha como ruido de fondo. Así tu jefe no dudará de ti.

Amamantar en PÚBLICO

La expresión «amamantar en público» casi sugiere que ha de haber espectadores, pero dependiendo del lugar, se puede hacer discretamente. Los grandes almacenes tienen probadores, los cines están oscuros y las librerías tienen una sección de filosofía. Pero otros sitios, en especial los restaurantes, ofrecen pocas opciones viables, lo cual significa que tu pareja puede elegir entre dar el pecho sentada a la mesa o dirigirse al rudimentario ambiente de los lavabos. Por cierto, el derecho de una madre a dar el pecho donde quiera está protegido por la ley.

Si te preocupa que otros hombres se coman con los ojos el pecho de tu pareja, tranquilízate. A la gran mayoría de hombres no les ponen las mamás que crían. Si acaso, hacen que se sientan incómodos. Y sostener una conversación con alguien que está dando el pecho es casi imposible. Nadie sabe dónde mirar. Y esa es la razón de que, si estáis comiendo con amigos y tu pareja empieza a darle el pecho al bebé, te toque a ti encargarte de la conversación. Habla de deportes, de cine, del tiempo, de lo que sea. Bueno, no de todo. Seguramente será mejor que evites mencionar lo suculenta que está la pechuga de pollo o tu viaje con la tita Antonia. Y por todos los santos, no pidas melón de postre.

Para garantizar la privacidad de tu pareja, puedes echarle tu chaqueta por la espalda mientras da el pecho, protegiendo el seno y al bebé de las miradas. Vigila que la chaqueta no esté demasiado apretada contra la cara del bebé o sea tan gruesa que le dé demasiado calor.

Los ALIMENTOS sólidos

La nueva paternidad está llena de momentos memorables, pero quizá ninguno supere el de ver la cara de tu bebé cuando toma su primera cucharada de comida sólida. Casi puedes garantizar que, por blando que sea lo que le ofreces, el bebé reaccionará como si acabaras de darle una doble dosis de Jagermeister. Este momento es demasiado precioso para verlo bizqueando por un monitor de vídeo. Así que si decides grabarlo (y deberías), pon la cámara en un trípode o encima de un montón de libros para tener los ojos libres para presenciar, de primera mano, su estremecida y horrorizada expresión.

Curiosamente, es casi la misma cara que se te pondrá a ti al quitarle el pañal después de la primera comida sólida. Ahora que el bebé está empezando a comer como uno de nosotros, también evacuará como uno de nosotros. De repente, te darás cuenta de lo bien que te ha ido en esos primeros meses.

Antes de introducir los alimentos sólidos, lee lo siguiente:

- Espera hasta que el bebé tenga por lo menos cuatro meses. Antes de eso los bebés tienen un reflejo en la lengua que les impide atragantarse, pero también hace que les sea casi imposible llevar comida sólida a la parte de atrás de la garganta. Además, sus intestinos todavía no son capaces de retener bien los nutrientes y eliminar las sustancias perjudiciales.
- Si el bebé ya puede sentarse en la trona, se lanza a por tus patatas fritas o finge masticar cuando te ve masticar a ti, seguramente ya está listo para empezar a tomar alimentos sólidos.
- Para estar seguro de que no tiene alergias a algún alimento, introduce un único tipo durante tres días seguidos, antes de pasar al siguiente. Así, si se presenta una reacción, sabrás cuál de ellos es el culpable.

Consejos útiles para triunfar con los alimentos sólidos:

La silla no resbaladiza. Si el bebé se desliza de un lado para otro en la trona, corta un trozo cuadrado de una alfombrilla para el baño y adhiere las ventosas al asiento.

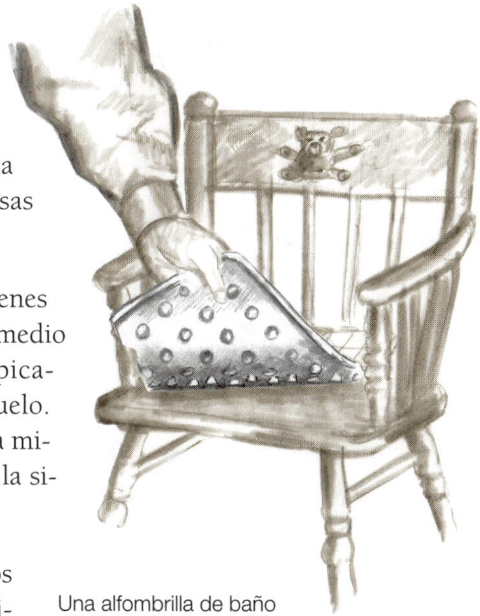

Una alfombrilla de baño impedirá el deslizamiento.

Controla la suciedad. Si no tienes perro, tendrás que encontrar un medio para limpiar el reguero de salpicaduras que el bebé dejará en el suelo. Corta una cortina de ducha por la mitad y coloca una parte debajo de la silla antes de las comidas.

No lo fuerces nunca. Durante los primeros meses estas tomas de alimento tienen más que ver con el ritual de las comidas que con tragar realmente comida. La nutrición del bebé y sus calorías siguen procediendo de la leche materna o preparada. Así que si el bebé no muestra interés, vuelve a probarlo al día siguiente. Lo peor que puedes hacer es enseñarle a tener miedo de la hora de comer.

Planea una estrategia. Algunas personas empiezan con verduras, porque piensan que una vez que el bebé pruebe el azúcar de las frutas no se conformará con nada más. Otras creen que es mejor empezar con un alimento que tenga las máximas probabilidades de éxito. Tú decides.

Prueba un almuerzo desnudo. Quítale toda la ropa al bebé excepto el pañal y déjale que se ensucie todo lo que quiera. Cuando acabe, mételo en la bañera. O mejor todavía, dale de comer dentro de la bañera. Deja que se prepare su propia sopa.

Ábrete sésamo. Hay muchas maneras de coaccionar al bebé para que abra la boca. Prueba a hacerlo sonreír cantando, haciendo muecas o dándole de comer con el mango de la cuchara sujeto entre tus dientes. También, si tú abres la boca al acercarle la cuchara a los labios, a lo mejor te imita. (Muchos padres empiezan a hacerlo de forma inconsciente y continúan hasta los tres años.)

Elige la cuchara sensatamente. Una cuchara de bebé poco honda es más fácil de usar como espátula, que es lo que necesitarás para recoger la comida de su barbilla y volvérsela a meter en la boca. Y ten siempre una cuchara extra a mano para dársela al bebé en caso de que intente cogerte la tuya. Hay una gran variedad de cucharas en forma de avión, personajes de dibujos animados, equipos deportivos... incluso hay cucharas que cambian de color cuando la comida está demasiado caliente.

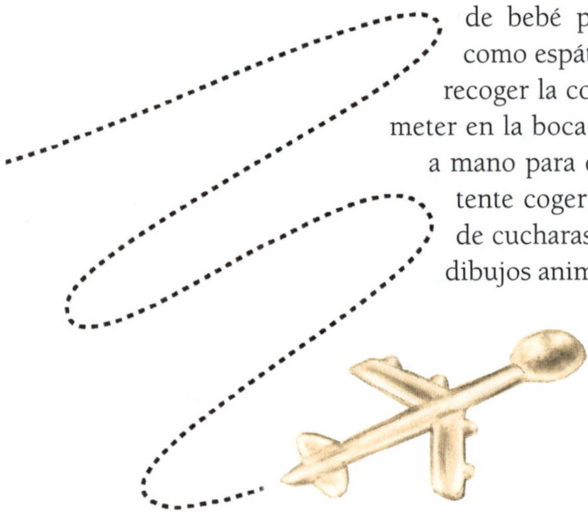

Buenas elecciones para los primeros alimentos sólidos:

Harina de arroz
Harina de cebada
Harina de avena
Puré de calabaza
Boniato
Zanahorias
Judías verdes
Guisantes
Aguacate
Yogur
Pasas

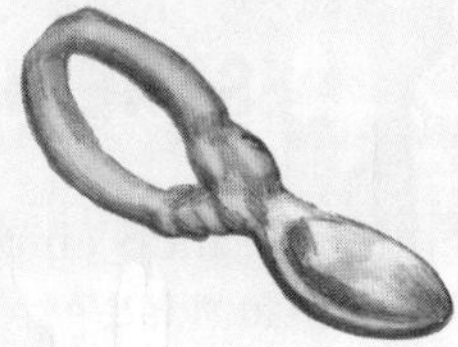

Sírvele un aperitivo. Programa los alimentos sólidos para cuando el bebé no tenga demasiada hambre ni esté demasiado lleno. Si tiene demasiada hambre, quizá no se sienta nada tolerante y si está demasiado lleno, es posible que no tenga interés o que esté adormilado. Ofrécele una pequeña cantidad de leche justo antes de una cucharada de sólidos.

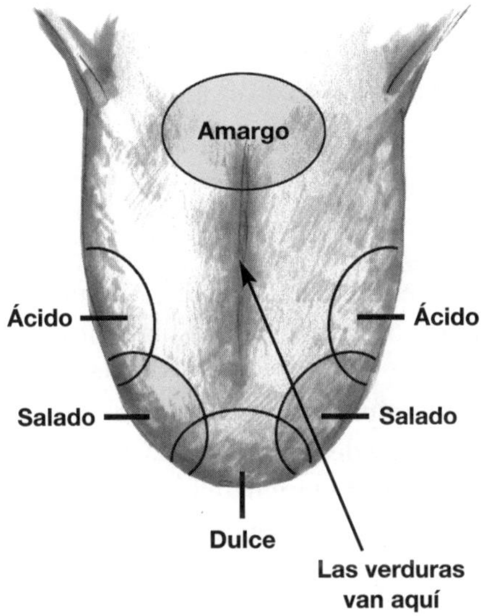

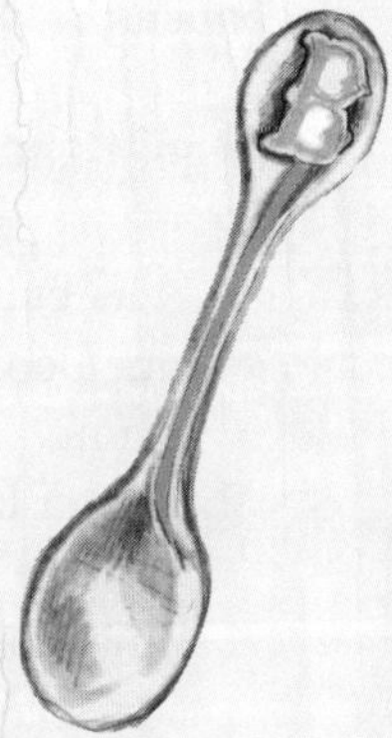

Cuando sirvas frutas, pónselas en la punta de la lengua, donde están las papilas gustativas de lo dulce. Cuando sirvas verduras, apunta al centro de la lengua, donde las papilas son neutras.

Compota de manzana
Plátanos
Ciruelas
Albaricoques
Melocotones
Peras

ESTREÑIMIENTO

Cuando empiece a tomar alimentos sólidos, sus deposiciones bajarán en cantidad pero la densidad de cada deposición aumentará. Aunque es mejor que evacue cada día, no es raro que algunos bebés pasen tres o cuatro días sin ir de vientre. Y mientras el bebé parezca estar bien, no tiene importancia, pero si ves que se esfuerza mucho, que está claramente incómodo o que las deposiciones son duras y secas, entonces es probable que tenga estreñimiento.

Aquí tienes tres medios para rectificar la situación:

1. **Las cuatro frutas.** Darle al bebé ciruelas pasas, ciruelas frescas, peras y melocotones, sea la propia fruta o el zumo, puede tener un efecto laxante.
2. **Llena la bañera.** Mete al bebé en un baño caliente. Asegúrate de que el agua le llega a la altura del pecho. Mientras lo sostienes firmemente con una mano, frótale suavemente el vientre con la otra. En la mayoría de casos solo será necesario un minuto para que el bebé se destapone, pero te costará mucho más limpiarlo a él y descontaminar la zona.
3. **El Exersaucer.** En algunos países es el juguete favorito de los bebés de esta edad; además proporciona al bebé una posición única para empujar, al permitir que apoye bien los pies en el suelo y se agarre con las manos al borde. Aunque no tiene el mismo efecto en todos los bebés, muchos padres han observado que es mágico para inducir las cacas. El tacataca tiene unos efectos similares.

Si el estreñimiento persiste consulta al pediatra para que te dé otras soluciones.

Cómo eliminar eficazmente los pañales

Hace un par de años, si alguien te hubiera dicho que ibas a almacenar desechos humanos dentro de casa durante varios días seguidos, sin tirarlos a los depósitos de basura exteriores, habrías pensado que estaba loco. De acuerdo, es casi imposible salir corriendo a tirar el pañal cada vez que el bebé lo ensucia, así que muchas personas confían en las unidades de eliminación de pañales. Pero las marcas más populares son enormes, caras y a veces exigen recambios especiales. Y vaciar el cubo es un procedimiento truculento que recuerda la escena de *Tiburón* cuando abren al tiburón muerto y le extraen las tripas.

Como el plástico es permeable a los gases, no retiene los olores. Igual que el aire que sale lentamente de un globo, la peste se filtrará y saldrá al exterior creando ese distintivo olor a casa con bebé, una combinación de pañales sucios y de un puñado de ambientadores diversos que tratan en vano de enmascararlo.

Cuando el bebé crece y los desechos se vuelven sólidos, puedes tirarlos al váter, pero hasta entonces, intenta poner en práctica el proceso que llamamos «Mete en una bolsa y tira». Usarás bolsas normales de plástico del supermercado, así que estarás reciclando. Y le ahorrarás al vertedero de basuras otro pesado cubo de pañales con todos esos recambios. Esto tendría que hacerte sentir un poco menos culpable por usar pañales desechables.

Paso n.º 1
Dobla el pañal formando una bola con él y fijándolo con las lengüetas adhesivas.

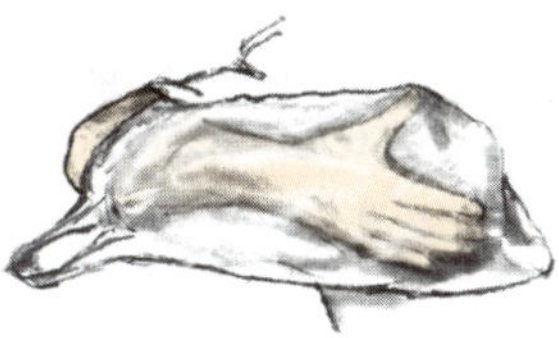

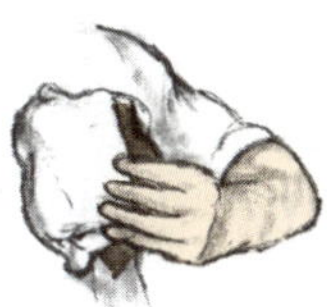

Paso n.º 2
Mete la mano dentro de la bolsa y úsala como si fuera un guante para coger el pañal.

Paso n.º 3
Saca la mano de forma que el pañal quede ahora dentro de la bolsa.

Paso n.º 4
Aprieta para eliminar el aire de la bolsa. Cógela justo por encima del pañal y dale una vuelta.

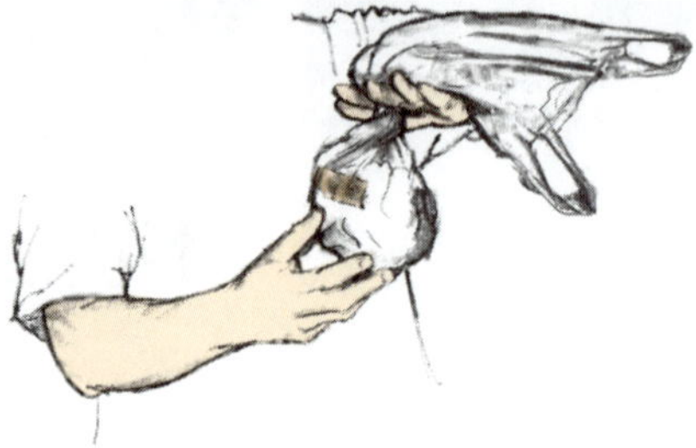

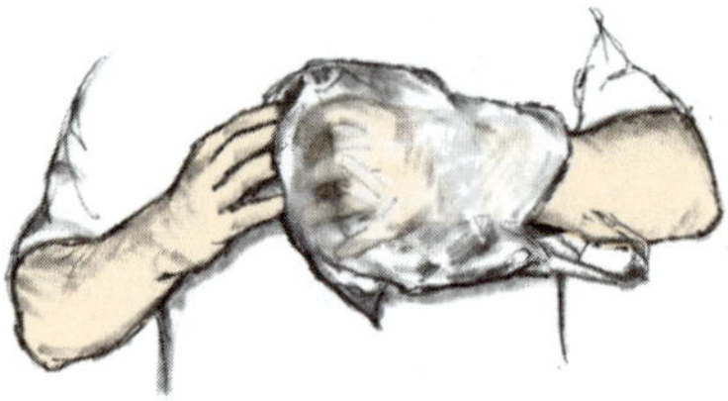

Paso n.º 5
Ahora mete la mano en lo que queda libre de la bolsa, coge el pañal y saca la mano.

Paso n.º 6
Repite el paso n.º 4.

Paso n.º 7
Haz un nudo en la bolsa. Ahora tienes una doble protección antiolores, pero recuerda que el plástico es permeable a los gases, así que procede a la…

ELIMINACIÓN

Si has cerrado bien el pañal y lo has metido en la bolsa de plástico con arreglo a las instrucciones anteriores, no habrá mucho problema en dejarlo en la bolsa de la basura al menos hasta que la bajes al contenedor. La recogida diaria impide que los malos olores lleguen a enquistarse.

Cómo aumentar la destreza de 4 a 6 meses

EL GANCHO

Una variante del juego de la grúa

Entre los cuatro y los seis meses, los bebés empiezan a coger cosas y esta es una manera divertida de agudizar su habilidad. Pon unos cuantos juguetes en el suelo y sostén a tu chaval boca abajo, apoyado encima de tu antebrazo (mira la ilustración). Haz ruidos de robot mientras lo sitúas en posición encima de los juguetes. Cuando esté directamente encima, bájalo, doblando las rodillas, hasta que pueda alcanzar el montón. Espera cinco segundos y luego vuelve a levantarlo. Si ha cogido algo, grita: «¡Tenemos un ganador!».

Este ejercicio fomenta la coordinación entre el ojo y la mano, la percepción en profundidad y la motricidad fina.

FIGURAS CHINESCAS DE ANIMALES

Túmbate, rodeando al bebé con el brazo, y apaga las luces. Ilumina la pared con una linterna. Solo eso ya captará la atención del pequeño. Luego, suponiendo que no seas hábil para crear sombras de animales con las manos, usa algunas formas planas —sacadas de los desplegables de los libros de cuentos, o las que se pegan en la bañera, imanes de frigorífico, etc.— y ponlas delante de la linterna. Si las acercas, la imagen se agranda y si las alejas se empequeñece. Dale un nombre a cada criatura y haz los ruidos animales apropiados.

Este ejercicio fomenta la discriminación visual, la percepción de la profundidad y ayuda al desarrollo del lenguaje.

Si te cuesta encontrar siluetas de animales, puedes imprimir recortables de www.beprepared.net.

EL BEBÉ GLOBERO

Ata un globo sin apretar al tobillo del pequeño. Este se quedará mirándolo atentamente durante un rato y probablemente se animará. Esa animación lo llevará a mover las piernas, lo cual, a su vez, hará que el globo dé saltos y se agite. Antes o después, el niño empezará a entender y apreciar la relación de causa y efecto.

Este ejercicio fomenta la coordinación ojo-pie, la capacidad de razonamiento y la conciencia del propio cuerpo.

Vigila siempre al bebé durante este ejercicio. Y no uses nunca globos de goma o látex porque, si estallan y el niño se mete pedacitos en la boca, podrían asfixiarle.

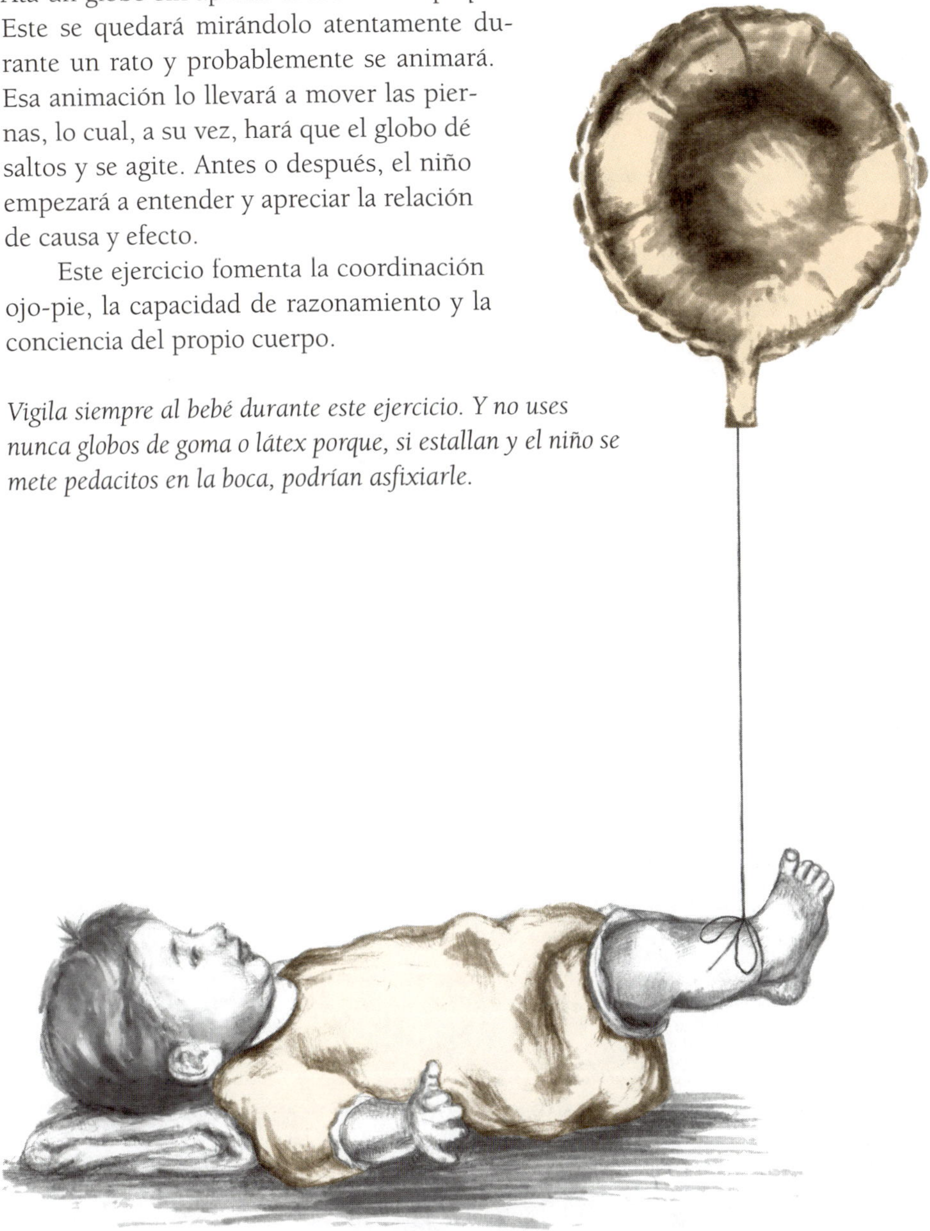

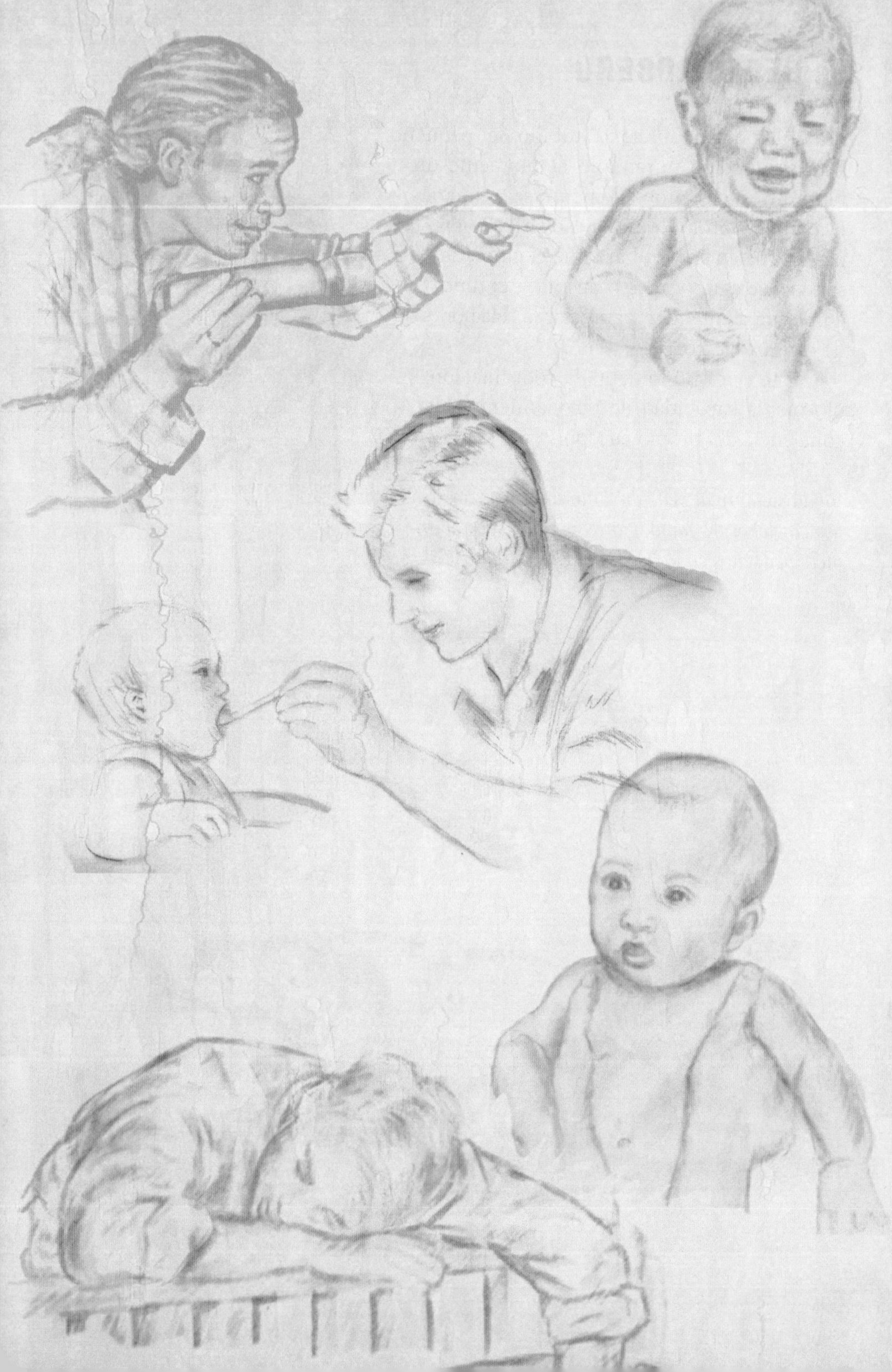

DE 7 A 9 MESES

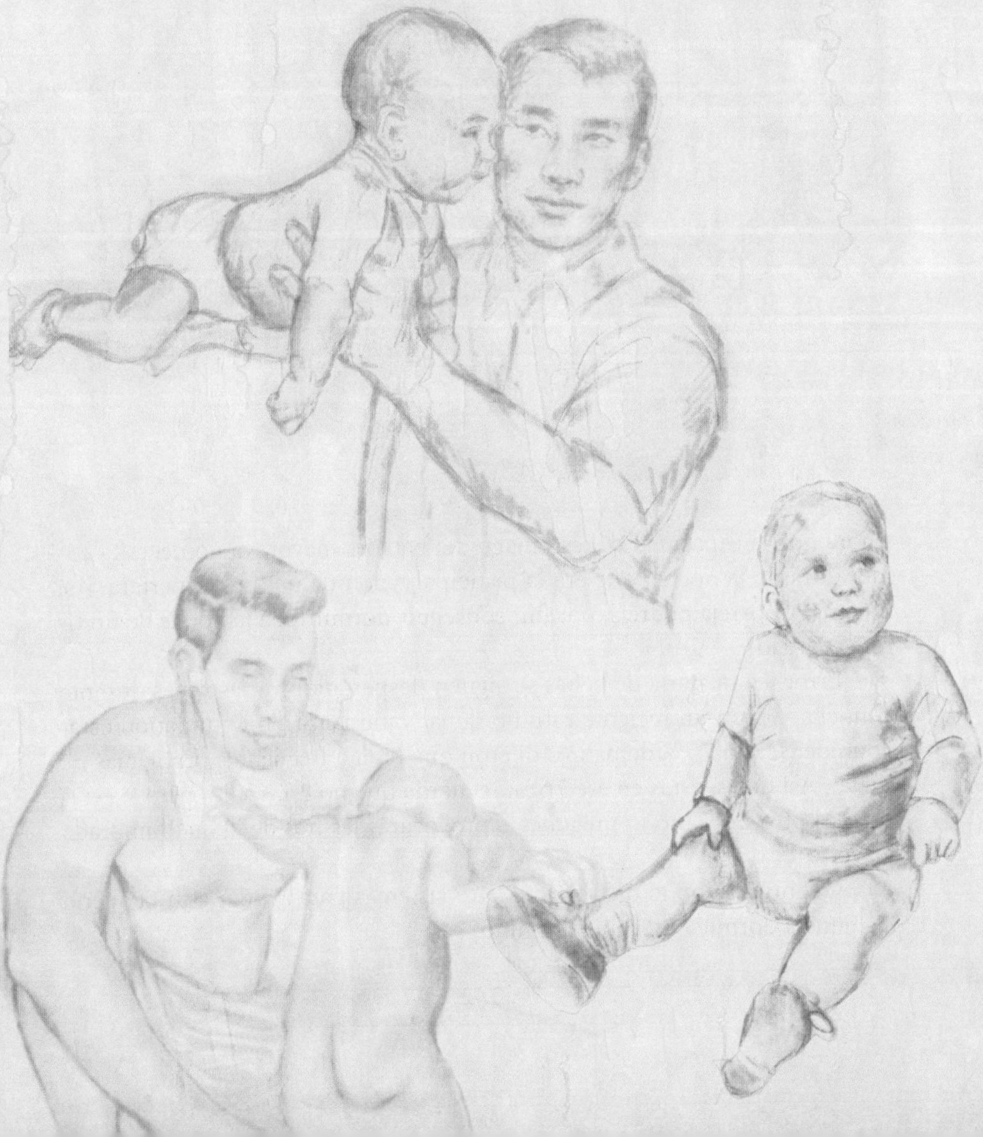

DORMIR toda la noche

Ahora que la capacidad del estómago del bebé es mayor, ya no necesita comer durante la noche, que era la principal razón de que se despertara. Así que tú y tu pareja podréis, por fin, conseguir dormir toda la noche de un tirón, ¿verdad?

Error. La mayoría de bebés se siguen despertando varias veces durante la noche. Según un reciente estudio de la National Sleep Foundation estadounidense, un 76 % de padres dijeron que tenían frecuentes problemas de sueño. Así que si estás en ese 76 %, recuerda que no estás solo, pero si estás entre el otro 24 %, no lo pregones o provocarás las iras de la malhumorada mayoría.

A continuación te propongo cuatro sistemas para ayudar a tu pequeño insomne a dormirse y seguir dormido.

1. Conviértete en un sargento instructor

Si trabajas durante el día y tu pareja se queda en casa, es muy probable que te toque encargarte del pequeño a la hora de dormir. A muchos padres esto les irrita, porque después de ocho horas sin verlo, su instinto natural le impulsa a darle marcha con un poco de lucha libre improvisada para bebés.

Pero el turno de noche puede ser divertido en un sentido suave y tranquilo. En realidad, no importa qué actividades elijas para la rutina de la hora de dormir, siempre que satisfagan los tres criterios siguientes:

1. **Son tranquilizantes.**
2. **Hacen las mismas actividades, en el mismo orden, cada noche.**
3. **Reservar las actividades más inductoras de sueño, como darle el biberón, para el final.**

Recuerda que a los bebés, como a los ancianos, les encanta la rutina.

Les reconfortan las actividades diarias repetitivas y suelen presentar menos resistencia si saben lo que se espera de ellos.

2. Siembra un campo de chupetes

Si el bebé utiliza un chupete para dormir, hay muchas probabilidades de que se le caiga en mitad de la noche y se despierte para tratar de encontrarlo. Para resolver este problema, siembra generosamente de chupetes todo el perímetro de la cuna. No se los pongas justo a su lado, porque al darse la vuelta puede caer encima de uno y despertarse. Pero si los pones alrededor, acabará dándose cuenta de que siempre puede estirar el brazo y encontrar uno.

Si tienes menos de una docena de chupetes en casa estás pidiendo problemas a voz en grito. Los chupetes rivalizan con los calcetines y los paraguas por el título de «Artículos que se desvanecen en la nada con más frecuencia». Si puedes comprarlos al por mayor, hazlo. No lo lamentarás.

3. Sácialo

Justo antes de ponerlo en la cama, es buena idea darle tanta leche como pueda tragar. Si se adormila a medio comer, no temas sacudirlo un poco, suavemente, para ver si puedes acabar de saciarlo. Esos pocos centilitros extra pueden conseguirte un par de horas extra de sueño. Pero a continuación, antes de que se quede dormido, procura limpiarle los dientes rápidamente o darle un poco de agua para limpiar la leche.

Esta toma de alimento es importante porque los bebés de esta edad pasan mucho tiempo aprendiendo y afinando nuevas destrezas y quizá no estén tan interesados en comer durante el día.

4. Estimula sus obsesiones

El bebé puede empezar a desarrollar un apego emocional hacia un objeto inanimado; una manta, un peluche o una camiseta, tuya o de tu pareja (debido al olor), o prenda interior (a pesar del olor), especialmente si son de seda. (Si el bebé elige una camiseta, átala, formando un nudo para que no se le enrolle alrededor de la cabeza.)

Su obsesión con este «objeto de transición» se suele considerar buena ya que proporciona ventajas adicionales para toda la familia. Como llevar con él a su nuevo amigo lo reconforta, es más fácil meterlo en la cuna por la noche o que no le importe perderte de vista durante tres segundos.

Algunas cosas que hay que recordar:

- Guíalo hacia algo que sea fácil de sustituir, como una muñeca de trapo, en lugar de un artículo difícil de encontrar, como el banderín del equipo de fútbol sala del barrio del año que ganó el campeonato provincial.
- Procura dejar el objeto en su cuna y cuando llegue la hora de dormir di: «Me parece que oigo que el señor Pantalones de Ciclista te está llamando».
- Si el objeto de su elección es producido en serie, ve y compra cinco, para que no tengas que acabar recorriendo las calles de la ciudad toda la noche en busca de Barriguitas.

Si se apega a un objeto, procura contar con ejemplares extra.

A LO BRUTO

El método para hacer dormir al bebé a lo bruto no es para los flojos de ánimo. Significa dejar que llore en la cuna durante largos períodos de tiempo, mientras tú esperas en el pasillo mordiendo un pedazo de cuero para no chillar.

Si no funcionara, nadie lo haría, pero muchos padres juran y perjuran que este método es eficaz, afirmando que ahora su bebé duerme toda la noche de un tirón. Estos padres se apresuran igualmente a señalar que el trauma que se infligieron a sí mismos fue casi insoportable.

Cuando el bebé tenga seis meses, puedes poner a prueba este método. Esto es lo que tienes que hacer:

1. Pon al pequeño en la cuna cuando esté adormilado, pero todavía no dormido.
2. Sal de la habitación.
3. Por mucho que llore, espera cinco minutos.
4. Entra en la habitación, pero no lo cojas. Puedes ponerle la mano en el pecho o hablarle en voz baja durante treinta segundos. Asegúrale que no eres el gemelo malvado de papá.
5. Sal de la habitación.
6. Espera cinco minutos.
7. Repite estos pasos hasta que se quede dormido.
8. A la noche siguiente, haz lo mismo, pero aumenta en cinco minutos más tu tiempo de respuesta.

Al cabo de entre tres y cinco días, el pequeño tendría que poder quedarse dormido solo y volverse a dormir cuando se despierte en mitad de la noche.

Algunas cosas a tener en cuenta antes de poner en práctica este método:

- Es probable que te nombren torturador de la casa, en especial si tu pareja da el pecho, ya que el llanto puede disparar el flujo de leche. Así que es posible que se retire al otro extremo de la casa con el walkman conectado, mientras tú estás poniendo en marcha tu juego.
- El sistema a lo bruto no funciona con todos los niños, así que si no ha funcionado después de diez días, es posible que prefieras probar otra cosa.
- Incluso si funciona, puede desbaratarse fácilmente debido a una enfermedad, la dentición, la visita de los abuelos o un sinfín de imponderables que están fuera de tu control. Si es así, tendrás que volver a empezar desde el principio.

Cómo resolver el problema del niño que se despierta a las cuatro de la mañana

Cuando el llanto del bebé te despierta de un sueño profundo, ¿qué haces? Si eres como la mayoría de padres, fingirás no oírlo, esperando que sea tu pareja quien reaccione. Tu pareja, seguro, está aplicando la misma táctica. Y tanto si lo crees como si no, los dos estáis haciendo lo acertado. La mejor manera de reaccionar ante un niño de entre siete y nueve meses que llora en mitad de la noche es ver si se vuelve a quedar dormido él solo.

Aunque te resulte insólito, los bebés suelen practicar sus nuevas destrezas en la cuna, medio dormidos. Puedes ver a tu pequeño gimnasta balanceándose atrás y adelante apoyado en las manos y las rodillas o dando vueltas medio inconsciente. Es como si el Cirque de Bébé estuviera aquí. Puede que llore, gruña, gima y luego se vuelva a quedar dormido. Así que antes de ir a ver qué pasa, espera un par de minutos. (Por supuesto, si el llanto es de dolor o angustia, ve inmediatamente.)

Cuando entres

- Mantén la iluminación tenue. En lugar de lámparas de visión nocturna, puedes instalar una bombilla roja en una lámpara de mesa o una luz de noche para que su habitación permanezca a oscuras pero tú puedas ver lo que pasa.
- No sonrías ni frunzas el ceño y procura tener el menor contacto visual posible. Trata de ser monótono, lo cual no debería resultar nada difícil dadas las circunstancias.
- Si se despierta pidiendo un biberón, podría ser simplemente por costumbre. Dale un biberón con agua. Después de un par de noches, es posible que pierda el interés.

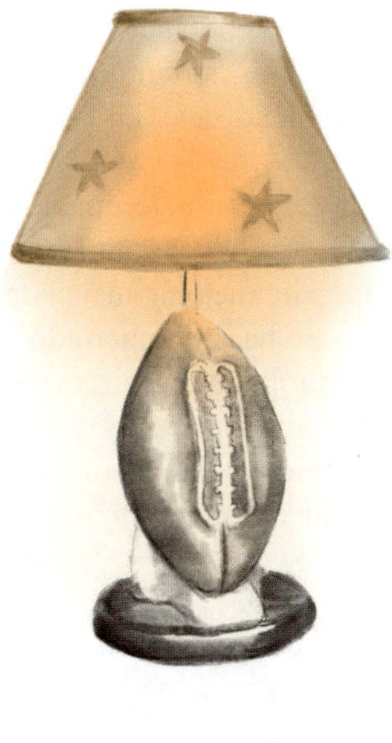

Si instalas una bombilla roja en la lámpara del bebé, podrás ver qué pasa sin hacerle pensar que es hora de despertarse. Además, conseguirás un escalofriante efecto de burdel.

EN MARCHA

El primer gateo de un bebé es un momento de orgullo para el nuevo padre. De repente, el pequeño es dueño de su destino y puede ir adonde quiera. Básicamente, ha conseguido sus primeras ruedas.

Y esas ruedas no siempre son elegantes. Aunque muchos bebés adoptan el gateo tradicional, muchos otros encuentran sus propios sistemas de locomoción, con frecuencia poco ortodoxos. Algunos se deslizan sobre la barriga, otros se arrastran sobre el trasero y otros van de un sitio a otro rodando. Si tienes uno de esos rebeldes, no te preocupes. Lo importante no es el sistema, sino el hecho de que está aprendiendo a desplazarse.

La mayoría de bebés aprende a gatear entre los seis y los diez meses y, en general, alrededor del año todos tienen por lo menos cierta movilidad. Si tu pequeño se alza sobre las manos y las rodillas y se balancea atrás y adelante es que está listo para ponerse en marcha. Puedes ayudarlo de las siguientes maneras:

- Gateando tú mismo, para que le sirva de modelo.
- Dejando que sus pies empujen contra tus manos, impulsándolo hacia adelante.
- Poniendo uno de sus juguetes favoritos a cierta distancia de él, fuera de su alcance.
- Protegiendo sus rodillas de la dureza del suelo y las rozaduras de las alfombras cortando la zona de los dedos de unos calcetines tuyos viejos y poniéndoselos en las piernas.

En cuanto domine lo básico, puedes organizar una carrera de obstáculos formada por cojines, guías telefónicas y cajas de zapatos vacías para mejorar su agilidad y capacidad de maniobra.

Se ha cronometrado a los gateadores expertos y se ha comprobado que alcanzan velocidades de hasta tres kilómetros por hora y se sabe que han recorrido hasta 250 metros en un solo día (la distancia puede variar).

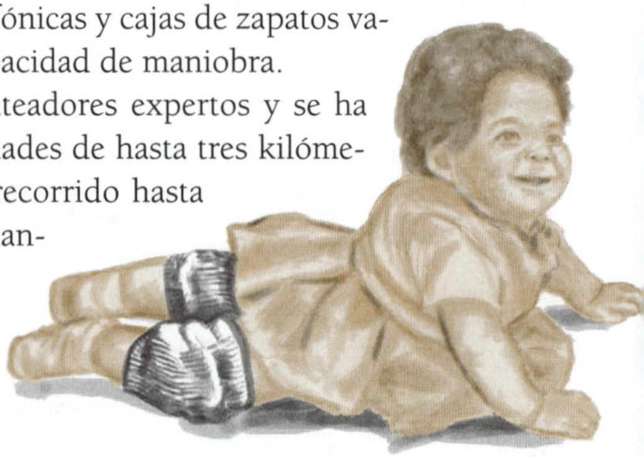

Otro uso más para tus calcetines viejos: rodilleras para el bebé.

Tu bebé puede recurrir a toda una serie de sistemas de transporte:

El comando

Deslizándose sobre la barriga y usando los codos y las rodillas para impulsarse hacia adelante.

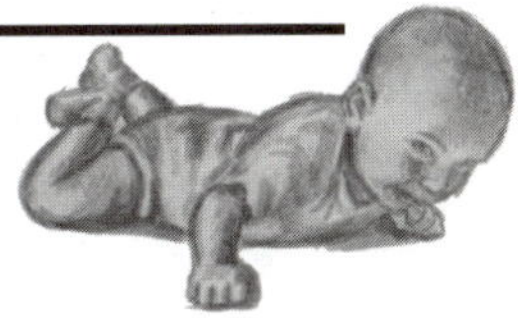

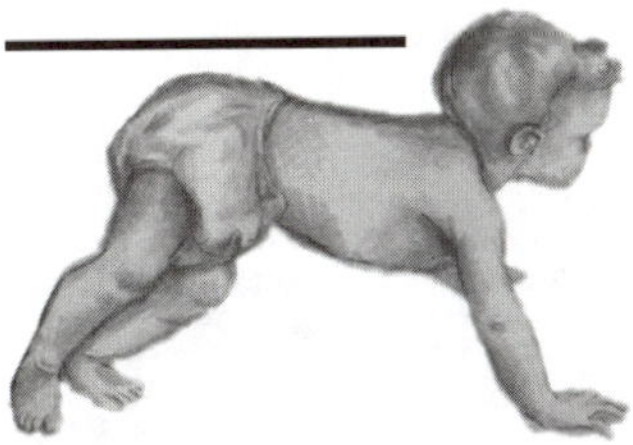

El mono desnudo

Andando hacia adelante apoyándose en las manos y los pies, con la retaguardia levantada del suelo.

El siéntate y deslízate

Desde una posición sentada, utilizando las manos para impulsar el trasero hacia adelante y atrás.

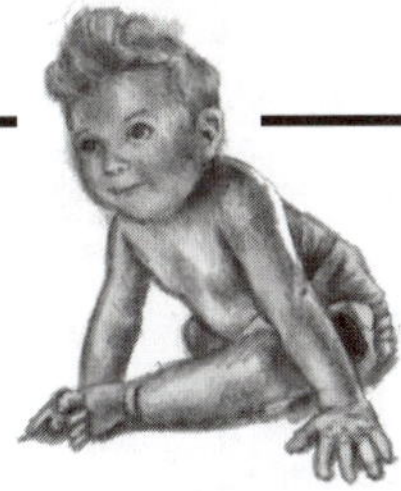

El rodillo

Tumbándose y rodando de un sitio a otro, cogiendo migas y bolas de pelusa mientras se desplaza.

La navaja

Con una pierna extendida a un lado y la otra debajo del cuerpo; el bebé tiende a moverse en círculos.

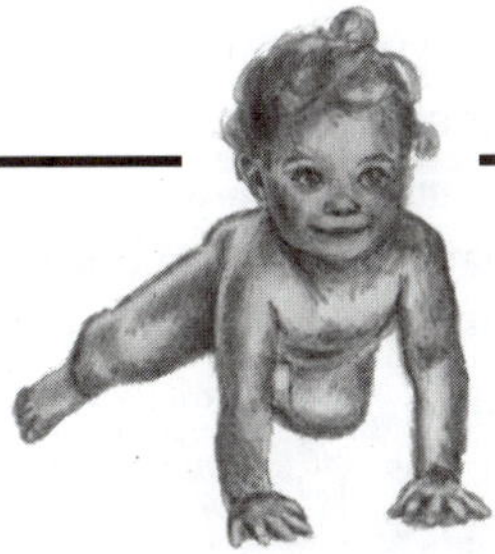

A PRUEBA DE BEBÉS

En cuanto el bebé empieza a desplazarse, comprenderás que no cuenta con un gran instinto de supervivencia. Si acaso, parece que está decidido a la autodestrucción. Si hay una escalera, tratará de lanzarse hacia abajo; si hay un enchufe, tratará de meter algo dentro; si hay un poco de agua en cualquier sitio, tratará de echarse encima, boca abajo. Es como si estuviera participando en las pruebas de actores para la versión infantil de *Jackass.*

Como lo más probable es que seas tú quien se encarga de las herramientas, el trabajo de poner tu casa a prueba de bebés caerá sobre tus hombros.

Aquí tienes una buena forma de empezar:

1. Busca un bloc y un lápiz.
2. Ponte a cuatro patas.
3. Gatea por toda la casa, pensando en todas las maneras en que podrías hacerte daño y anotándolas. No seas perezoso. Gatea por debajo de las mesas y métete detrás de las cortinas o podrías pasar por alto cosas como clavos, monedas y pestillos que pudieran cerrarse pillando los dedos del bebé.

Si no eres del tipo que se pone a gatas y tienes un poco de dinero extra, siempre puedes pagar a un experto que haga el trabajo por ti, pero te advertimos que lo más probable es que te diga que tu casa es una gigantesca trampa mortal y que tu bebé no tiene ni una oportunidad a menos que compres toda una serie de artilugios que da la casualidad que el experto lleva en el coche.

Recuerda que existe algo llamado exceso de precauciones. Si conviertes toda la casa en un protegido parque gigante, el pequeño tendrá dificultades para aprender a controlarse, en especial cuando lo lleves a casa de otras personas o a las tiendas.

Y la verdad es que por muchos artilugios que instales, igual tendrás que seguir vigilando. El día que creas que puedes presumir y dejes de vigilar, será el día que él arrancará la punta de plástico del sujetapuertas y tratará de comérselo. (Tienes que encolarlo o comprar uno de una sola pieza.)

Si, después de leer las páginas siguientes, te interesa profundizar más, puedes mirar catálogos especializados, o sencillamente ir a la supertienda de bebés más cercana y examinar la enorme selección de artículos relacionados con la seguridad.

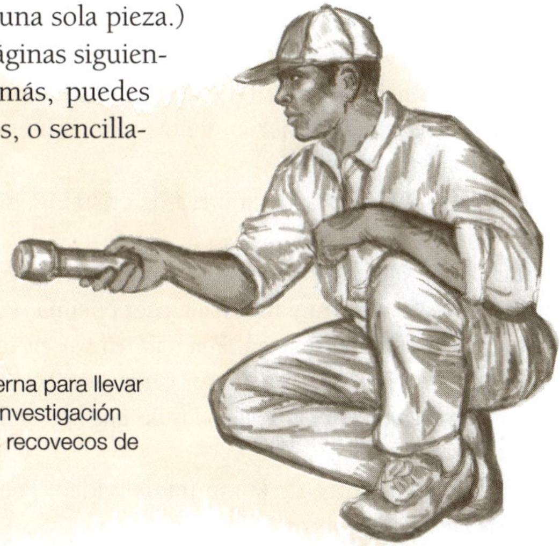

Usa una linterna para llevar a cabo una investigación de todos los recovecos de tu casa.

¿De cuántas maneras podría **hacerse daño** tu bebé en...

Podría:

Gatear hasta meterse dentro de la chimenea. *Instala una pantalla.*

Tirarse por encima las herramientas para el fuego o tratar de chuparlas. *Ponlas fuera de su alcance.*

Caerse contra el borde de la mesa de cristal. *Pon protectores de goma en todos los cantos.*

Tratar de comerse los caramelos que hay en un plato. *Ponlos fuera de su alcance.*

Tirar de una escultura y hacérsela caer encima. *Ponla fuera de su alcance.*

Comer tierra de una maceta. *Pon una red por encima.*

Comerse la planta, que puede ser venenosa. *Mantén las plantas fuera de su alcance, averigua el nombre de todas las que hay en la casa y entérate de si son venenosas.*

Meter la mano dentro de la ranura del vídeo. *Pon una protección de plástico para sistemas electrónicos.*

la sala?

Dar con la cabeza contra el filo de las dos mesas cuadradas. *Pon cantoneras de protección.*

Sacar los botones del estéreo y asfixiarse. *Pon una protección de plástico para sistemas electrónicos.*

Tirarse los altavoces encima. *Ponlos fuera de su alcance o atorníllalos.*

Darse de cara contra las puertas correderas de cristal. *Pon calcomanías en el cristal.*

Enredarse con los cordones de las cortinas. *Enróllalos para que estén fuera de su alcance.*

Tirar la copa de vino y cortarse con los trozos. *Ponla fuera de su alcance.*

Tirar la lámpara de pie. *Sujétala a la pared.*

Enredarse en el cable eléctrico de la lámpara. *Enróllalo.*

Meter algo en un enchufe. *Coloca protectores de enchufes.*

Caerse y golpearse la cabeza contra el reborde de la chimenea. *Instala un cojín mullido alrededor.*

¿De cuántas maneras podría **hacerse daño** tu bebé en…

Podría:

Alcanzar la encimera y tirarse el café caliente por encima. *Ponlo fuera de su alcance.*

Levantar el brazo y tocar el fogón encendido o volcarse la cazuela por encima. *Usa siempre el fuego de atrás y gira las asas y mangos hacia dentro.*

Dar la vuelta a los mandos y abrir el gas. *Instala protectores.*

Abrir la puerta del horno. *Instala un cerrojo para electrodomésticos.*

Abrir el armario de debajo del fregadero y coger productos de limpieza. *Instala una cerradura.*

Asfixiarse con un imán del frigorífico. *Quítalos o ponlos fuera de su alcance.*

Volcarse encima la silla que hay en primer plano. *Mete todas las sillas bajo la mesa.*

Enredarse con el cable del teléfono. *Enróllalo.*

Tratar de comerse el contenido de la basura. *Métela en un armario cerrado con llave.*

la cocina?

Tirar del mantel y tirarse el cuenco y la copa por encima. *Usa siempre manteles individuales.*

Abrir el lavavajillas y sacar el contenido o tratar de comerse el detergente. *Instala un protector.*

Coger comida del plato del perro o meter la cabeza en el cuenco de agua. *Tenerlos en una habitación separada, protegida con una valla. (Haz lo mismo con los cajones de arena.)*

Como probablemente la cocina es el lugar más difícil de tener a prueba de bebés, siempre puedes instalar una valla de seguridad en la puerta, para impedirle que entre.

¿De cuántas maneras podría **hacerse daño** tu bebé en...

Podría:

Cerrar la puerta y pillarse los dedos. *Pon una toalla en la parte de arriba de la puerta para evitar que se cierre.*

Apretar el botón del pomo, encerrándose dentro. *Instala una protección encima del pomo.*

Abrir la tapa del váter y caerse dentro. *Instala un cerrojo en la taza.*

Abrir el armario que hay debajo del lavabo y coger los productos que contiene. *Instala un cerrojo.*

Comerse el dentífrico, que puede ser tóxico para los niños pequeños. *Ponlo fuera de su alcance.*

Hacer caer el secador del pelo dentro del lavabo o el váter y enredarse en el cable. *Ponlo fuera de su alcance.*

Resbalar y caerse justo al lado de la bañera. *Instala una alfombrilla no resbaladiza. (Instala también una alfombrilla de goma dentro de la bañera.)*

el baño?

Darse de cabeza contra los grifos. *Instala un protector.*

Girar lo grifos, haciendo salir agua muy caliente. *Instala protectores para los grifos, pon el termostato por debajo de 38 °C o instala un protector contra escaldaduras.*

Tratar de llevarse a la boca la máquina de afeitar y el champú que hay en el borde de la bañera. *Instala un estante fuera de su alcance.*

Ahogarse en una pequeña cantidad de agua que ha quedado en la bañera. *Vacía siempre el agua por completo.*

Para que tu bebé no pueda entrar solo en el baño, instala un pestillo por la parte de fuera de la puerta.

PERO ESPERA, PORQUE HAY MÁS

El despacho en casa

- Atornilla la pantalla del ordenador para impedir que el genio de tu hijo se lo tire por encima.
- Pasa todos los cables por un tubo para que no se los meta en la boca para aliviar el dolor de los dientes y protege la toma eléctrica.
- Compra una funda para impedirle que meta un trozo de queso en la disquetera o te apague el ordenador antes de que hayas podido grabar tu tesis.
- Ancla todas las librerías y las estanterías de CD a la pared.
- Las papeleras con grapas y clips tienen que poder cerrarse o debes situarlas fuera del alcance de tu pequeño basurero.

Escaleras

- Pon vallas en lo alto y al pie de todas las escaleras.
- Quita la valla de la parte inferior, de vez en cuando, y deja que el pequeño trate de subir un par de escalones, mientras tú lo sostienes. Pon moqueta o una alfombra en la escalera, para que no resbale.
- Gatear escaleras abajo requerirá el enfoque «trasero primero», que va contra el instinto de autodestrucción del pequeño. Es preciso esperar hasta que haya alcanzado la excelencia en la subida y exige una supervisión ultra atenta por tu parte y posiblemente un casco.

Los padres y las vallas

Mucho del tiempo que pasas en casa, lo dedicarás a saltar obstáculos. Cada vez que suene el teléfono será como el pistoletazo de salida en los Juegos Olímpicos. Recuerda solo que debes tener un cuidado especial cuando te enfrentes a esas barreras con el pequeño en brazos. Casi todos los padres pueden contarte cómo una vez calcularon mal la altura de una valla y estuvieron a punto de engancharse el pie en ella y caer de bruces.

Juguetes

- Vigila que todos los juguetes sean sólidos y que no tengan partes pequeñas que puedan romperse.
- Comprueba los ojos de los animales de peluche para ver si es fácil arrancarlos con los dientes.
- Si crees que un juguete puede ser demasiado pequeño para que el bebé juegue con él, usa el cartón de un rollo de papel higiénico como verificador de juguetes. Si el juguete cabe dentro del rollo, el bebé se podría ahogar con él. (Y no dejes que juegue con el rollo. Podría morderlo y tragarse trozos.)

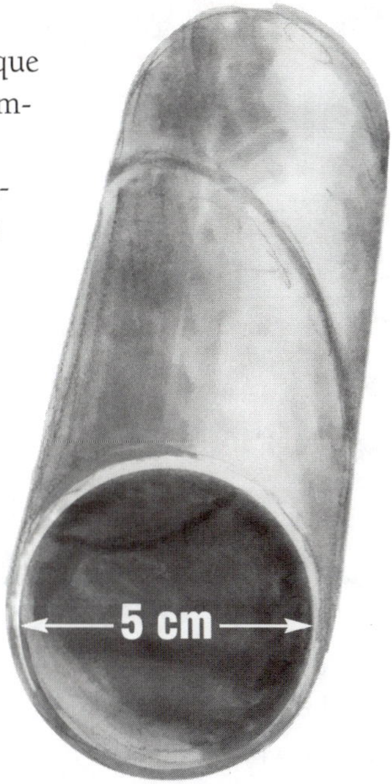

Este es el tamaño del agujero de un rollo de papel higiénico. Úsalo como referencia si no tienes un rollo a mano.

Seguridad general

- Comprueba si en tu casa hay pintura con plomo.
- Asegúrate de que todas las sustancias tóxicas estén guardadas bajo llave y fuera del alcance del bebé.
- Instala alarmas de humos y extintores por toda la casa y escaleras de incendios para las ventanas del segundo piso.
- Ten todos los números de emergencia a mano y asiste a una clase de primeros auxilios y reanimación para bebés.
- No dejes nunca solo al bebé.

Si te parece que todo esto es demasiado para ti, puedes meter al crío en una burbuja de plástico gigante hasta que tenga dieciocho años. Pero incluso así tendrás que vigilarlo. Con el plástico hay peligro de asfixia.

Cómo extraer algo del VÍDEO

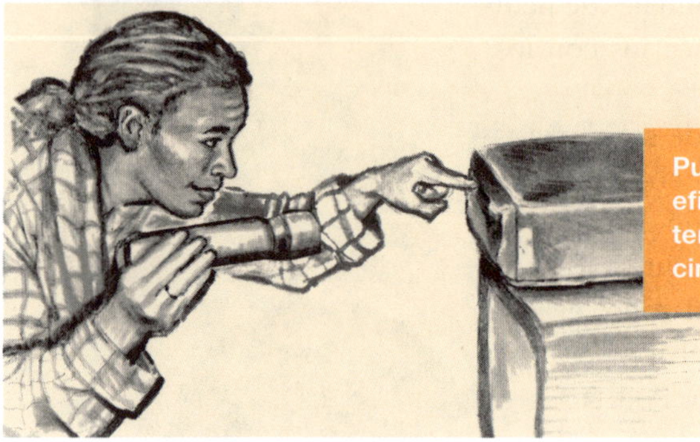

Puedes bloquear eficazmente la ranura teniendo siempre una cinta dentro del aparato.

Por alguna razón, los bebés se sienten atraídos por los aparatos de vídeo. Por mucho que se lo adviertas, la seducción de esa pequeña puerta negra es demasiado para ellos.

Y aunque jugar a «Adiós, rosquilla» puede ayudarlos a desarrollar la coordinación mano-ojo y afinar su sentido de las relaciones espaciales, también puede causar estragos en tu sensible equipo electrónico.

Antes de empezar tu búsqueda y rescate, recuerda lo siguiente:

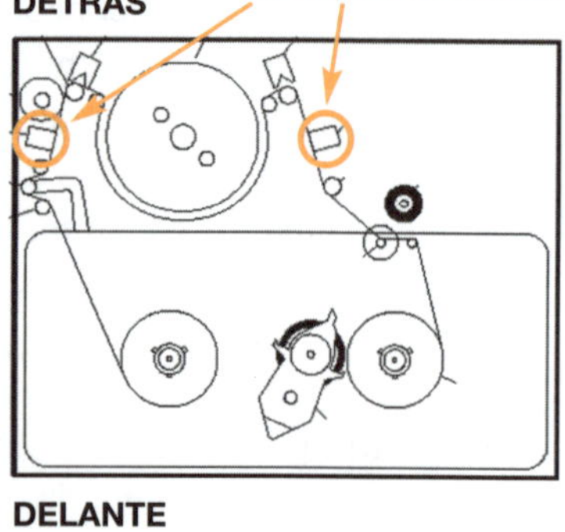

- No dejes nunca el aparato enchufado mientras lo manipulas.
- No metas nada duro o afilado en la unidad. Podrías arañar los cabezales situados en la parte de atrás (mira el diagrama) e inutilizar tu vídeo.
- Si el objeto es difícil de coger, puedes ponerte en el dedo una cinta adhesiva por las dos caras para poder retirarlo.
- Si el objeto deja algún residuo, por ejemplo, plátano, tendrás que llevar a reparar el aparato. La humedad en la unidad producirá consecuencias desastrosas (por ejemplo, pedazos de cinta enrollados en la bobina y otras partes del aparato o cabezales dañados).
- No trates nunca de meter una cinta en un aparato de vídeo donde haya un objeto extraño. Esto podría dañar gravemente el mecanismo de carga.

¿La terrible TELE?

Puedes usar la tele para poner al bebé en pausa.

¿Está bien dejar que el bebé vea la tele? Mientras que algunos padres se oponen tajantemente a la caja tonta, la mayoría apoyan cualquier actividad que les permita darse una ducha en paz.

Los estudios sobre los bebés y la tele no han encontrado demasiadas pruebas sea a favor o en contra, ya que es difícil psicoanalizar a un crío de siete meses. No obstante, hace varios años la American Academy of Pediatrics se destapó con una declaración global que recomendaba nada de tele durante los dos primeros años. ¿Su razonamiento? Que «los bebés y los niños pequeños tienen una necesidad crucial de interacción directa con sus padres y otros cuidadores significados».

Esto nos lleva a preguntar: ¿cuánta interacción directa necesita de verdad el bebé? No se trata de que los padres pongan al bebé con un biberón delante de la tele y se marchen a pasar el fin de semana fuera. Pero después de cuatro horas de intensa interacción cara a cara, ¿qué daño puede hacer media hora de contemplación pasiva?

Estas son las ocho cuestiones planteadas por la liga antitelevisión, seguidas de refutaciones en pro de la moderación (suena mejor que decir pro televisión).

1. **La televisión no enseña nada a los bebés.**
   Los bebés suelen aprender cosas como canciones, palabras y habilidades físicas (como aplaudir o mover las manos) viendo la televisión. Y además, ¿es que los niños tienen que estar aprendiendo todo el tiempo? ¿Se les permite algún respiro?
2. **La televisión es mala para los ojos del bebé.**
   No hay estudios que lo demuestren y, de hecho, algunos pediatras recomiendan la televisión y, específicamente, los deportes, para desarrollar los músculos del ojo en los pequeños. Como las emisiones deportivas tienden a usar la cámara para seguir un objeto en movimiento —una pelota, un coche, alguien que corre— pueden reforzar los músculos oculares de seguimiento del niño. (La próxima vez que tu pareja te pida que quites los deportes, puedes señalarle este hecho.)
3. **La televisión da a los pequeños una idea distorsionada de la realidad.**
   ¿Y los libros no? ¿Cuánto hace que no has leído *Mamá oca*? La verdad es que, por el momento, los pequeños no van a reflexionar mucho sobre la realidad.
4. **El tiempo que pasa mirando la tele es un tiempo en el que tú podrías estar jugando con él.**
   También es un tiempo en que podrías estar bañándote, comiendo algo o despejando las telarañas que pueblan tu cabeza para poder reaparecer fresco, listo para otra brillante tanda de «cu-cú».
5. **Los rápidos cortes y bruscos cambios de ángulo de la cámara estimulan al pequeño en exceso.**
   Muchos programas dirigidos a los pequeños tienen un movimiento lento y usan transiciones suaves de toma a toma. En cuanto a las emisiones generales, a tu hijo le pueden gustar cosas de movimiento lento como el golf, los concursos de pesca y la información del tiempo.

6. **En lugar de la tele, tendrías que estar leyéndole.**
Es cierto que la televisión no puede sustituir la lectura. Tampoco sustituye el juego, la comida o el baño. Usada con moderación, solo es un complemento agradable a la rutina diaria.
7. **Tu pequeño quedará hipnotizado por ese demonio titilante y se convertirá en adicto para toda la vida.**
En realidad, a muchos bebés ni siquiera les interesa la televisión e, incluso los que disfrutan de la caja tonta, suelen repartir su atención entre el programa y todos los demás colores y formas atractivos que hay en la habitación.
8. **Podría estar haciendo algo más creativo con su tiempo.**
Cuando se haga mayor, el niño tendrá la oportunidad de participar en empeños mucho más creativos, interactivos y físicamente activos que la televisión. Pero durante los primeros meses, es muy poco lo que en realidad puede hacer. Es posible que muestre un muy escaso interés en construir ese modelo de avión de caza o ayudarte con tus impuestos, pero ver la tele puede ser justo lo ideal para él.

Algunos vídeos de calidad para que los mire tu pequeño:

Baby Mozart
Baby Bach
Baby Van Gogh
La serie de los Teletubbies
La serie de los Lunnies
Las tres mellizas
Barrio Sésamo

SALIDAS GENIALES de 7 a 9 meses

Tu mocoso se está volviendo muy, muy sociable y quiere que lo incluyas en tus relaciones con los demás. Además, está entrando en la etapa del movimiento perpetuo. Entre las buenas salidas para los bebés de esta edad están las siguientes:

Carreras de campo a través

Una excursión inmejorable para ir conociendo la naturaleza y familiarizándose con el esfuerzo humano en forma de competición. El pequeño puede decidirse por algún corredor, animarle, ver sus progresos (o la falta de ellos) y alegrarse o entristecerse con el resultado. En todo caso, una actividad divertida… sobre todo cuando uno la ve bien abrigado.

Librerías

Una librería es un sitio genial para los pequeños, porque es como una biblioteca, pero no tienes que estar callado. La mayoría están enmoquetadas, así que los pequeños gateadores pueden recorrer los pasillos a toda velocidad. Y además, tienen libros.

Túnel de lavado de coches

El agua a presión y los cepillos que giran pueden proporcionar una estupenda experiencia sensorial para el pequeño. Antes de entrar, transmítele la idea de que va a ser algo divertido y sin peligro para los dos. Di: «Mira… el coche se está bañando».

Lavandería automática

Aunque tengas lavadora en casa, lleva una colada a la lavandería automática local, solo para que tú y el pequeño podáis estar sentados mirando cómo gira vuestra ropa por esa ventanita. También puedes jugar con él encima de las mesas de plegado, hablar con tus compañeros de colada y meter al pequeño en el carro con la ropa, colgar una sábana del gancho que hay arriba y hacer ver que navega por los siete mares (por supuesto, sin dejar de sujetarlo).

Espacio para perros

Aunque quizá no sea buena idea entrar en espacio para perros del parque, mirar desde el otro lado de la valla atraerá al pequeño. Algunos de estos espacios tienen zonas especiales para los perros pequeños, donde puedes entrar sin peligro y ver de cerca toda la actividad de los pequeñines.

CÓMO AUMENTAR LA DESTREZA de 7 a 9 meses

El trile

Es una versión del viejo timo callejero, adaptada para los pequeños. Empieza con tres vasos grandes y una bola o un pequeño animal de peluche. Tú eres el «timador» y el pequeño es el «primo». Levanta todos los vasos para que él pueda ver dónde está el objeto y luego bájalos todos. Si elige el vaso acertado, gana. Y cuando empiece a acertar siempre, mueve los vasos de un sitio para otro, lentamente.

Aumenta la memoria visual, la destreza para resolver problemas y ayuda a desarrollar el concepto de la permanencia de los objetos, el hecho de que los objetos existen aunque él no pueda verlos.

Las artes culinarias

Estimula la naciente habilidad artística de tu pequeño y preséntale varias nuevas comidas al mismo tiempo. Llena varios recipientes de plástico con comidas para bebé de diferentes colores. Ponlos delante del pequeño y haz que pinte con el dedo la bandeja de su silla o la mesa de la cocina. Algunos alimentos buenos para este fin son las manzanas, las ciruelas secas, las judías verdes y, para la textura, arroz pilaf con verduras. Puede crear una obra de arte abstracto y comerse el resultado sin peligro. (También puedes usar cuencos con patatas aplastadas y algo de colorante vegetal para alimentos.)

Es mejor hacer esta actividad justo antes de la hora del baño.

Fomenta la creatividad, la motricidad fina y la coordinación mano-ojo.

La cesta tren

Sienta al pequeño en una cesta de la colada, con una manta o una almohada detrás de la espalda. Llena el resto de la cesta con animales de peluche y juguetes y empújala por toda la casa, simulando el ruido del tren. En varios puntos del recorrido, anuncia paradas donde dejas y recoges diversas criaturas. Al final, el pequeño esperará cada parada para poder lanzar fuera algunos animales e invitar a otros a subir a su tren. Este juego exige una buena cantidad de esfuerzo por tu parte, pero esperamos que el entusiasmo del pequeño te dará energías.

Para ahorrarte la tensión en la espalda, puedes atar una correa de perro a la cesta y arrastrarla lentamente.

Fomenta el pensamiento secuencial y la habilidad para representar papeles.

Los bebés y el LENGUAJE

No hay necesidad de que pidas una prueba de paternidad. Es posible que, durante un tiempo, el bebé llame «papa» a todos los hombres que encuentre.

Puede que hayas observado que, ahora, el bebé parece más interesado en lo que tú tienes que decir. Hace un par de meses, la explicación de las reglas que rigen el tiro libre habrían sido recibidas con una cara totalmente indiferente. Pero ahora la espesa niebla que había detrás de los ojos del pequeño va desapareciendo, cediendo el paso a una expresión maravillosamente perpleja. Es que está intentando descifrar los misterios del lenguaje y tienes la suerte de acompañarlo en este viaje asombroso y con frecuencia hilarante.

Por término medio, los bebés dicen sus primeras palabras en algún momento entre los siete y los once meses. Es probable que tu diablillo haya empezado a balbucear y quizá incluso a decir «papa», con gran desilusión de tu pareja. No se lo digas, pero «papa» es una de las combinaciones silábicas más comunes en el balbuceo y tanto puede ir dirigida al perro de la familia como a tu cara. Para que se pueda considerar una auténtica primera palabra tiene que ser dicha en contexto tres veces. Así que, a menos que diga «papa» tres veces mientras te mira o mira tu foto, no es oficial. Y no te alarmes si, de pronto, empieza a referirse a todos los hombres como «papa». Los bebés aprenden por categorías.

Los bebés pueden entender el lenguaje mucho antes de hablarlo realmente. En parte es debido a que su aparato del habla justo está empezando a desarrollarse y no será similar al de un adulto hasta los seis años de edad.

Puedes ayudar a tu bebé a hablar y comprender el lenguaje poniendo en práctica lo siguiente:

Suscita el diálogo

Cuando oigas balbucear al bebé, entra en la conversación como si supieras de qué está hablando. Cuando acabe un chorreo de sílabas al azar, di: «Síiii, es verdad, pero ¿cómo crees que va a afectar a los mercados internacionales?». Y luego espera la respuesta. A no tardar, el pequeño empezará a darse cuenta del flujo de ida y vuelta de la auténtica conversación. Acuérdate de alabar siempre lo que dice, por muy poco sólido que sea desde el punto de vista económico.

Etiquétalo todo

Como ritual diario, pasea por la casa con el bebé nombrando todo lo que veas. Puedes usar un ejercicio pasivo-agresivo. «¿Ves? Esto es una guitarra. Gui-ta-rra. Papá tocaba la guitarra cada día, antes de que tú llegaras. Y esto son patines. Pa-ti-nes. Papá iba en patines por toda la ciudad, antes de que tú llegaras.» Mientras no dejes de sonreír, el bebé no se enterará.

Cuando etiquetes algo, procura no ser ni demasiado general ni demasiado específico. Una guitarra es una guitarra, no un instrumento (demasiado general) ni tampoco una Fender Strat-o-Caster (demasiado específico).

Haz que rime

Los estudios han demostrado que el ritmo y la rima son una de las mejores maneras de que los niños aprendan a hablar. Prueba a recitar algunos clásicos de *Mamá oca*, acentuando y alargando las palabras que rimen. Cuando te aburras, canta tus canciones favoritas *a capella* o improvisa poemas y versos humorísticos. Pero resístete a «El conejo de la Loles», porque nunca se sabe cuándo empezarán a repetir cosas.

Aplaude todos los sonidos

Cuando el bebé señale al perro y diga «papa» muéstrate entusiasmado. Está empezando a emparejar palabras y objetos y es preciso que lo animes. Di: «Sí, es un perrito. Perrito. ¡Bien dicho!».

(Al parecer, poner una terminación en «ito» a las palabras hace que a los bebés les sea más fácil recordarlas.)

Trabájate algunos libros

Los libros interactivos —los que tienen solapas que se levantan, los que tienen cremalleras y botones, los que tienen diferentes texturas para tocar— no solo crean vocabulario, sino que además ayudan al pequeño con la coordinación mano-ojo y la motricidad fina.

Y recuerda, no hay una manera equivocada de leerle al bebé. Mientras se lo pase bien, no importa si quiere leer el mismo libro una y otra vez, pasar una página adelante y atrás cien veces o mordisquear un libro mientras tú le estás leyendo otro. Relájate y consuélate pensando que está desarrollando el gusto por la literatura.

Aquí tienes un medio a prueba de bomba para despertar el instinto de amor a los libros de tu bebé. Coge uno de los ejemplares de *Buenas noches, Luna* (seguro que te regalan tres o cuatro), recorta fotos de diversos miembros de la familia y pégalas en el libro. Luego altera las palabras de forma apropiada. «Buenas noches casa, buenas noches ratón, buenas noches papá Neil y buenas noches abuelo George.»

El significado secreto de «CU-CÚ»

El cerebro de tu bebé funciona de formas extrañas y disparatadas. ¿Te quieres creer que cuando desapareces de su campo de visión, piensa que ya no existes? Es verdad. Y por alguna razón, no le importa. Sigue jugando y mirando al vacío hasta que tú reapareces milagrosamente. En lo que a él concierne, cada juguete que deja caer, cada chupete que tira, cada persona que sale de su campo visual, deja de existir.

A lo largo de los próximos meses, la idea de la permanencia de los objetos, la idea de que algo existe aunque él no pueda verlo, empezará a abrirse paso lentamente. Los padres pueden ayudar a consolidar esta habilidad de la manera siguiente:

- Jugando a cu-cú.
- Poniendo un juguete debajo de una servilleta y dejando que él lo destape.
- Enseñándole el objeto que acaba de dejar caer al suelo, antes de recogerlo.

Recuerda que ahora que está empezando a comprender que tú siempre estás en algún sitio y que siempre estás a su alcance, empezará a ponerse nervioso en cuanto salgas de la habitación.

Cuando juegas a cu-cú con un bebé, él cree que tu cabeza desaparece, literalmente, y luego reaparece, de repente, cuando separas las manos. No es de extrañar que se sienta tan impresionado.

La ansiedad del bebé

¿Por qué el bebé no tendría que sentir ansiedad, igual que la sentimos todos nosotros? Cuando empieza a darse cuenta de la permanencia de los objetos, también empieza a sentir **ansiedad por la separación**, miedo a verse separado de ti o de tu pareja, no importa con quién lo dejes; y **ansiedad ante los extraños**, miedo a los desconocidos, y por desconocidos queremos decir cualquiera que no seas tú o tu pareja.

Algunos medios para tratar a un bebé ansioso:

- Haz que las visitas, incluyendo la familia más cercana, se acerquen al bebé lentamente, tranquilamente, sin hacer movimientos súbitos, de la manera en que te acercarías a una granada que no ha estallado o a un maníaco homicida.
- Si estás empezando a tener una canguro o llevar al pequeño a una guardería, quédate con él el primer par de ocasiones, por lo menos, y deja que vea que te relacionas con los cuidadores.
- Los bebés, como los perros, no tienen sentido del tiempo. Por ello, las dos primeras veces que salgáis, vuelve al cabo de unos quince o veinte minutos, solo para que se dé cuenta de que no vais a huir del país.
- Nunca te marches a escondidas. Si lo haces, solo incrementarás su ansiedad. Todo lo contrario, míralo a los ojos, sonríe y actúa como si no pasara nada especial. Y NUNCA, jamás, vuelvas una vez te hayas ido. Llama a casa por el móvil al cabo de diez minutos, para estar seguro de que ha dejado de llorar.

Tanto si lo crees como si no, la aparición de la ansiedad por la separación y ante los extraños es algo bueno. Significa que has hecho tu trabajo como papá. Tu bebé acude a ti en busca de seguridad y protección.

LA BAÑERA GRANDE

En el momento en que resulte difícil que el pequeño quepa en su bañera, es hora de que lo asciendas y lo pases a la espaciosa bañera para adultos. Aunque es posible que se resista al cambio, puedes ayudarlo a adaptarse. Prueba a ponerlo dentro sin agua el primer par de veces. Métete tú también con un puñado de juguetes y haz que se lo pase en grande.

Cuando esté cómodo, lo más probable es que no quiera salir. El papá preparado puede usar esto con ventaja. La bañera es un lugar óptimo para darle de comer, darle su medicina y cortarle las uñas. Casi todo lo que se puede hacer en tierra firme se puede hacer dentro de la bañera con un mejor control de la suciedad.

Preparación para la bañera grande

1. Instala una alfombrilla antideslizante para impedir que resbale.
2. Compra o fabrica una cobertura para el grifo, para evitar que el bebé se dé de cabeza contra el borde. Puedes hacer una temporal con una esponja y cinta adhesiva extrafuerte.
3. Pon solo medio palmo de agua en la bañera. Recuerda: a los bebés les gusta el agua casi tan caliente como a los adultos. Usa la prueba del codo para estar seguro de que la temperatura está bien.

4. Ten todo lo necesario a mano, incluyendo un recipiente de plástico, el jabón y el champú del bebé, una manopla y una toalla.

Salta dentro

No hay mejor momento para jugar con el bebé que cuando tomáis un baño juntos. ¿Por qué quedarte encorvado fuera de la bañera, sosteniendo a la criatura, cuando es tan divertido estar dentro con ella? No solo estará entusiasmado por tu demostración de dinámica de los líquidos, sino que se sentirá más cómodo y seguro contigo dentro de la bañera.

Antes de mojarte los pies, cerciórate de que estás preparado para:

Meter y sacar al bebé de la bañera. La forma más segura de hacerlo es ponerlo en el suelo, encima de una toalla, sobre un cambiador curvado, entrar tú en la bañera, sentarte y luego cogerle y meterle contigo. Para salir, ponle otra vez en el cambiador, sal tú y cógele.

Las cacas en mitad del baño. Es probable que, en algún momento, el bebé se haga caca dentro de la bañera. Para prever este acontecimiento, es buena idea tener un segundo recipiente grande a mano para recoger las cacas lo más rápidamente posible y así no tener que vaciar la bañera y empezar de nuevo. Si puedes recoger las heces antes de que toquen el agua, ganas diez puntos.

Sabrás que está listo para hacer el lanzamiento cuando su cuerpo se tense de repente, se le ponga la cara roja y haga muecas.

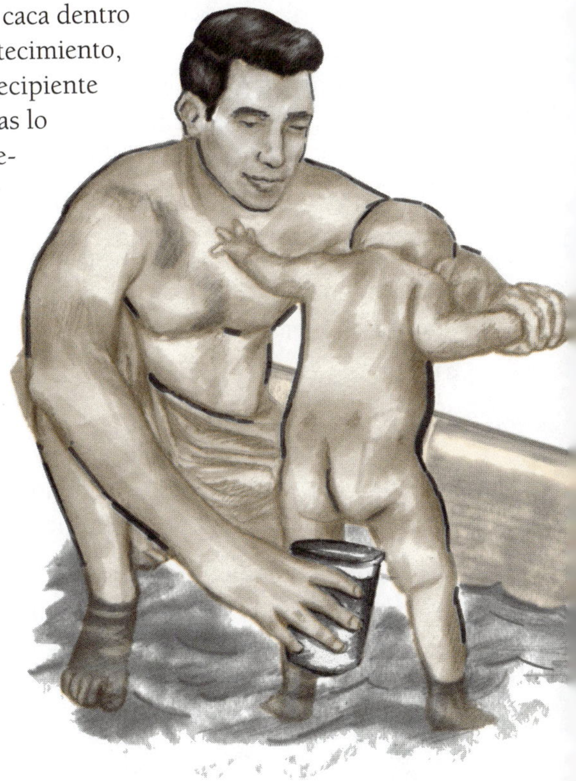

Si la atrapas en el aire,
eso vale diez puntos.

Aclararle el pelo. Para evitar que entre jabón en los ojos del bebé cuando le aclares el pelo, ponte un juguete de ventosa en la frente. Cuando el bebé incline la cabeza hacia atrás para mirar ese extraño espectáculo, échale el agua para aclararle el pelo. Si tu frente no aguanta la ventosa, es posible que poniéndote un juguete en la boca y gruñendo consigas los mismos excelentes resultados.

También puedes colgar un gran móvil o algunas imágenes plastificadas en el techo, encima de la bañera, y luego decirle que las mire antes de empezar a aclarar.

Otra idea: si el bebé tolera bien los gorros, puedes comprar una visera de baño, hecha expresamente con este propósito.

Para los marineros de agua dulce

Si prefieres permanecer en terreno seco durante el baño, necesitarás algún tipo de soporte que sostenga derecho al bebé. Hay artilugios especiales creados con este propósito y otros que puedes modificar para que cumplan esta misión. (No obstante, recuerda que nunca debes dejar al bebé solo en el baño.)

Un asiento de baño puede mantener al bebé erguido y en su sitio.

Bañera hinchable. Es una bañera pequeña que se mete dentro de la grande. Proporciona apoyo para la espalda del bebé y necesita menos agua. Además, los juguetes están siempre a mano.

Asiento para el baño. Se fija al fondo de la bañera grande mediante unas ventosas y ayuda a mantener erguido al bebé, al mismo tiempo que te ofrece un acceso fácil para poder lavarle el cuerpo.

Cesta de la colada. Puedes bañar al bebé dentro de una cesta de plástico para la colada, que no sea muy honda, poniendo una toalla al fondo. La cesta sostiene la espalda del bebé y el agua pasa libremente por los agujeros. Los juguetes están siempre a mano y cuando se ha acabado el baño, solo tienes que vaciar la bañera y guardar los juguetes en la cesta.

Juguetes para la bañera

El papá con recursos no tiene necesidad de ir a comprar juguetes para el baño. Cualquier cosa que flote (o se hunda, si a eso vamos) es un juguete en potencia para el baño. A continuación te damos algunas ideas:

Hueveras y bandejas de cubitos para que hagan de vehículo para transportar otros juguetes arriba y abajo por el agua.

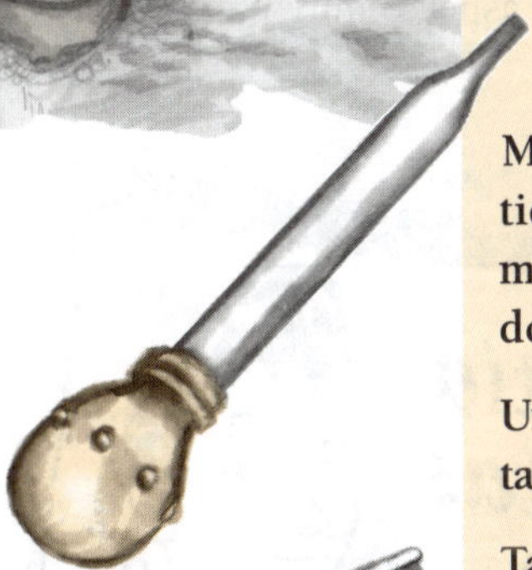

Una jeringa de rociar el pavo para lanzar agua.

Manteles individuales de plástico cortados en forma de animales para pegarlos a los lados de la bañera.

Un colador o escurridera de pasta y un embudo para verter agua.

Tazas y vasos de diferentes medidas para verter agua.

Un trozo de manguera para soplar y hacer burbujas en el agua.

Un trozo de tubería de PVC para usar como acueducto.

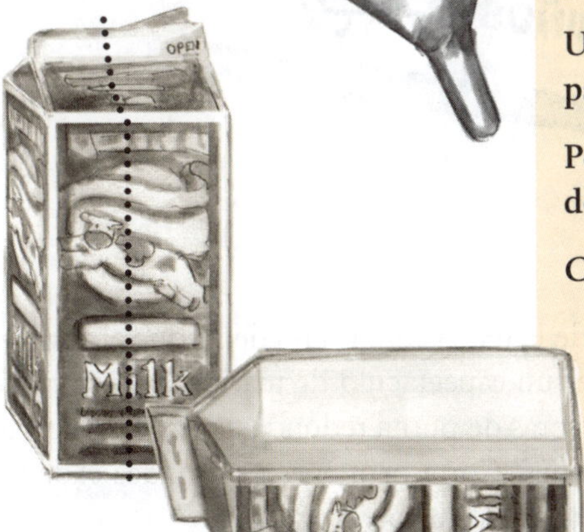

Pelotas de goma, de esponja y de plástico.

Cucharones, botellas de agua y los envases de plástico de las toallitas para bebés.

Envases de leche, cortados por la mitad a lo largo para hacer unos barcos de fábula.

EL PRIMER corte de pelo

La única razón para cortarle el pelo al bebé durante el primer año es el mantenimiento; el flequillo es ya tan largo que le impide ver o la parte de atrás crece tanto que es fácil confundirlo con un salmonete. En ambos casos, hay que tomar medidas.

Es posible que tu pareja te proponga una de las muchas peluquerías para niños, algo con un nombre como Cortez-Cortoz, Recortes y Risas o Peludo Potter. Pero si quieres ahorrar tiempo y dinero y, posiblemente, paliar una crisis de llanto, puedes hacerlo tú mismo.

Si sientes aprensión ante la perspectiva de cortar el pelo a un bebé, piensa que por mucho que la fastidies (salvo si hay derramamiento de sangre) el bebé seguirá teniendo un aspecto muy mono.

Cómo cortar la parte de atrás

Pon al bebé en su trona, delante de la televisión. (Si no dejas que el bebé vea la tele, tu pareja tendrá que hacer un espectáculo de marionetas.) Ponte de pie detrás del bebé y usando las tijeras de punta redonda, corta desde el centro hacia fuera en ambas direcciones. Corta pequeñas cantidades cada vez, para que puedas enmendar fácilmente los errores.

Cómo cortar el flequillo

Como los bebés suelen agitar los brazos y apartar bruscamente la cabeza para alejarse de esas tijeras que se acercan a su cara (un buen instinto en la mayoría de casos), es mejor cortarle el flequillo cuando estén dormidos, preferentemente sentados en el cochecito o en su silla del coche, para que puedas conseguir un buen ángulo. No olvides usar tijeras de punta redonda y pon siempre los dedos entre las tijeras y la cabeza del bebé (mira la imagen).

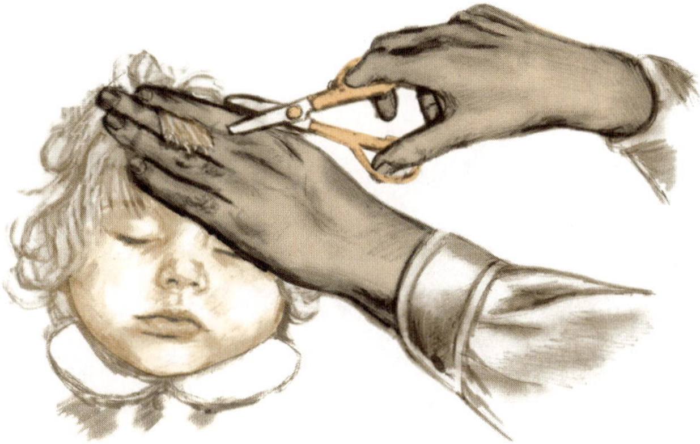

CUIDADO DE LAS UÑAS

Dada la precisión quirúrgica que se necesita, muchos padres se ven enrolados, muy a su pesar, a cumplir con el deber de cortar las uñas al pequeño. Es posible que tu pareja piense: «Si puede cebar un anzuelo, puede cortar una uña».

Si la criatura tiene un sueño profundo, puedes hacerlo mientras duerme. De lo contrario, necesitarás que te ayuden a sujetarle la mano o contar con una distracción apasionante, como su vídeo favorito, para tenerlo entretenido. Algunos papás lo hacen justo después del baño, cuando las uñas están especialmente blandas.

Para cortar, puedes usar un par de tijeras para bebés, con las puntas redondeadas, o tijeras para los pelos de la nariz, de punta roma, que según algunos padres son todavía más fáciles de manejar. No te preocupes si le haces un poco de sangre. Le pasa a casi todo el mundo, en especial las primeras veces. Para minimizar el riesgo de pillar la piel, presiona la parte carnosa del dedo hacia abajo cuando cortes.

DE 10 A 12 MESES

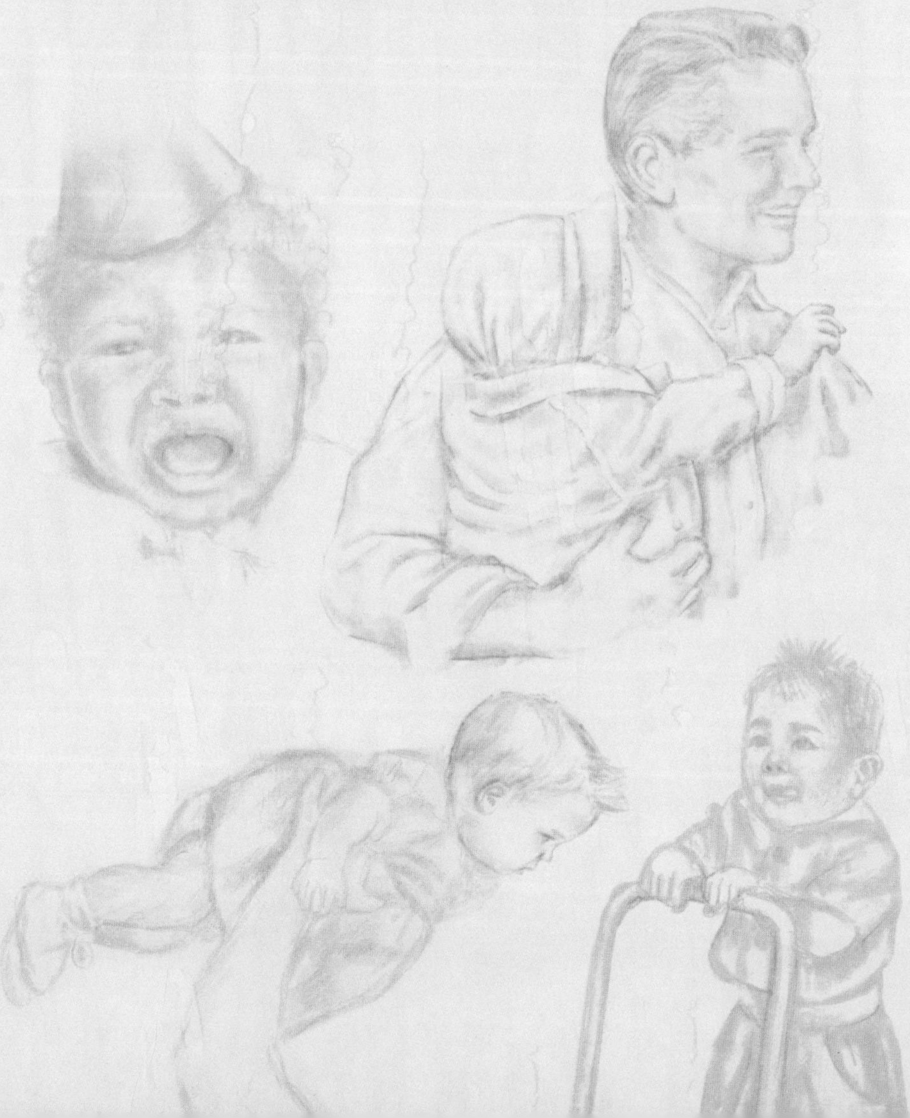

COMER como una persona

Cuando empezaste a darle comida sólida al bebé, ¿te paraste a pensar en lo poco sólidos que son algunos alimentos sólidos? Todo tiene una consistencia similar... de papilla. Bien, pues hacia los diez o doce meses, muchos bebés se rebelan contra las papillas y, cada vez más, empiezan a querer cosas para comer con los dedos. Miran los diversos matices de la bazofia pardusca que hay en su plato y luego la hamburguesa y las patatas fritas que hay en tu plato y la verdad es que no puedes culparlos por tratar de tirarse de la trona como protesta.

¿Puede una comida de tres platos embutirse en un tarro diminuto?

Por no hablar del hecho de que los alimentos comprados en la tienda, creados para el mercado de los bebés entre diez y doce meses son, por decirlo suavemente, sospechosos. ¿Tú te comerías un tarro de pasta de color anaranjado llamada Peras y Pollo? ¿Y esa gelatina de color tinta que responde al nombre de Pastel de Arándano? Y piensa, por favor, en Pavo, Arroz y Hortalizas. ¿Pueden meter toda una comida de tres platos en un tarro diminuto? ¿Es legal?

Definitivamente, ha llegado el momento de hacer que los alimentos que se comen con los dedos sean una parte más visible a la hora de comer del bebé. Son fáciles de preparar, hay mucha variedad y no tienes que preocuparte por si te quedas sin esos sospechosos tarritos. Y no solo el bebé disfrutará de la independencia de controlar su propia toma de alimentos, sino que, además, desarrollará su agarre de pinza, juntando el pulgar y el índice para coger las cosas.

Veamos algunas cosas que hay que tener presentes al ofrecer alimentos para comer con los dedos:

Los trozos han de ser pequeños. Cuando sirvas este tipo de comida, cuida de que cada pieza sea del tamaño de un Conguito. Si es más grande representa un riesgo de asfixia.

Los alimentos para coger con los dedos le ofrecen al bebé la ocasión de desarrollar su agarre de pinza.

Ten paciencia. Llevará tiempo averiguar las preferencias culinarias de tu vástago. Deja que experimente con una amplia variedad de sabores y texturas y observa hacia cuáles se inclina. Puede que sean necesarias diez veces para que decida si le da la luz verde a algo.

Ponlo en montones. Una buena manera de servir cosas para comer con los dedos es cortarlas a trozos pequeños y apilarlas en la bandeja de su trona. Si le pones cada alimento en su propio montón individual, a él le resultará fácil coger lo que le gusta y dejar de lado todo lo demás.

Los bebés necesitan comer menos de lo que crees. En esta etapa, un bebé tendría que comer, al día, entre cuatro y ocho cucharadas soperas de fruta y verduras, entre dos y cuatro cucharadas de proteínas y ocho cucharadas de arroz, cereales, patatas o pasta (o media rebanada de pan). Por supuesto, todo complementado con leche.

Dale leche después de la comida. Por lo menos un 50 % de la nutrición del bebé sigue procediendo de la leche materna o en polvo. Tendrás mucho más éxito con los alimentos para comer con los dedos si reservas la leche hasta después de darle la comida sólida.

Haz que sea interesante. A algunos bebés les cuesta adaptarse a este tipo de comida y siguen prefiriendo los tarros. Como sucede con la mayoría de actividades relacionadas con los bebés, si logras que algo parezca interesante, es más probable que el pequeño muerda el anzuelo. Puedes hacer que la comida sea más interesante fundiéndole queso encima, poniendo bocados individuales en cucharas desplegadas en abanico o cubriendo el montón de comida con una taza de plástico para que el bebé tenga que levantarla si quiere llegar hasta los trozos. Finge que levantar la taza es algo absolutamente tabú.

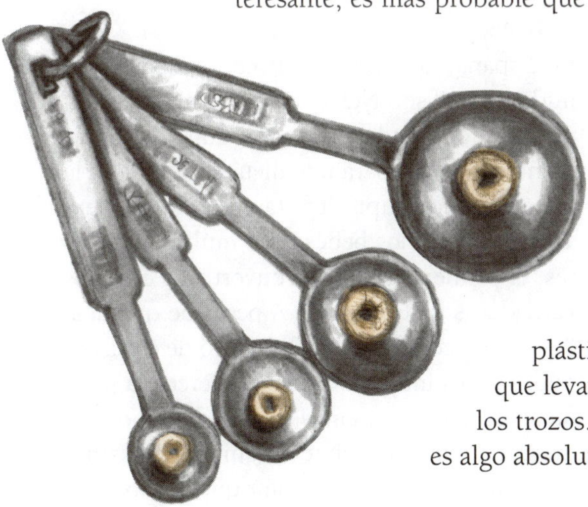

La taza con pitorro

En un momento u otro tendrás que eliminar el biberón y este tipo de taza es una buena manera de iniciar la transición hacia la taza o vaso normales. Como estas tazas son a prueba de vertidos, tu pequeño diablillo puede tirarla fuera del asiento del coche sin provocar una catástrofe. A algunos pequeños les dan una taza normal a esta edad, pero muy poco líquido acaba en su boca.

Puedes crear una súper taza con pitorro usando un biberón y una pajita. Aunque estará aprendiendo una nueva manera de beber, seguirá contando con la familiaridad y la comodidad del biberón.

1. Corta una pequeña X en la tetina de un biberón. Si la X es demasiado grande no será a prueba de fugas.
2. Vierte el líquido preferido del bebé en el biberón.
3. Coloca la tetina, invertida, dentro de la botella.
4. Enrosca la arandela.
5. Mete una pajita por la X de la tetina.

Potitos

En España, las marcas más conocidas de comida infantil son Nestlé y Hero. Ambas tienen potitos de variadas recetas y con los ingredientes precisos para una dieta equilibrada; la variedad, por supuesto, también sirve para acostumbrar a los bebés a los múltiples sabores, el primer paso para convertirlos en unos verdaderos gastrónomos. A pesar de que desde la perspectiva adulta el aspecto de estas comidas no es muy estimulante, merece la pena fiarse de la inexperiencia infantil. Algunos padres se atreven a probar la comida de sus bebés e incluso llegan a aceptar que el sabor no está mal...

Lista de cosas para coger con los dedos que el pequeño puede comer y tirar

Queso fresco
Queso ricotta
Zanahorias hervidas
Pollo cocinado
Melocotones
Pan de trigo integral tostado
(*sin frutos secos*)
Rosquillas
Galletitas con queso de untar
Aguacate
Plátanos
Yemas de huevo cocidas
(*las claras después del año*)

Cereales secos
Pasta bien cocida
(*espirales o conchas*)
Yogur
Tortitas
Bastones de pan
Patatas fritas
Galletas María
Encurtidos
(*cortados muy pequeños*)
Macarrones con queso
Buey picado
Tofu
Boniatos

Cuida de que los trozos no sean mayores que un Conguito.

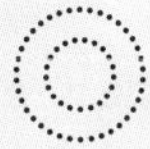

Once alimentos que **nunca** debes darle al bebé

A veces, los siguientes alimentos causan reacciones alérgicas o pueden hacer que el pequeño se atragante y deben evitarse:

Miel
Leche de vaca
Clara de huevo
Cítricos (fruta y zumo)
Mantequilla de cacahuete
Uvas enteras
Todo tipo de semillas y frutos secos
Arándanos

Palomitas de maíz
Hortalizas crudas
Perritos calientes

Limita asimismo los alimentos altos en grasas saturadas, sal o azúcares añadidos y los que contienen edulcorantes artificiales.

Los BEBÉS y los restaurantes

Cuando vayas a un restaurante con tu renacuajo, no esperes demasiado. No esperes disfrutar de la comida. No esperes conversar con tu pareja. Y no esperes que los demás comensales se sientan otra cosa que irritados por vuestra presencia. Y si, por casualidad, tu bebé se porta como un ángel, da gracias al cielo y engulle la comida tan rápido como puedas.

Por supuesto, tienes que abstenerte de llevar al bebé a cualquier sitio elegante. Si alguien paga 40 euros por un plato del tamaño de un disco compacto, se merece una experiencia libre de bebés. Pero si llevas al pequeño bribón a un restaurante de estilo familiar y los demás clientes te miran mal, entonces es su problema, no el tuyo.

¿Cómo puedes saber qué restaurantes son apropiados para los bebés y cuáles no? Mira las pistas que te damos en la página siguiente.

A los bebés les encantan los guitarrones.

Favorables a los bebés	No favorables a los bebés
Lápices de colores	Manteles
Sillas altas	Velas
Televisión	Esos molinillos de pimienta gigantes
Ventanilla para pedir la comida desde el coche	Camareros que llevan un recogedor de migas en el bolsillo
Bandejas de plástico	Servilletas convertidas en bellas formas de origami
Neón	Agua servida en copas de vino
El letrero «Sin camisa, sin zapatos, sin servicio», en la puerta	La frase «precio fijo»
Camareros con etiquetas con su nombre	Más de dos tenedores en cada servicio de mesa
Ketchup en la mesa	Un empleado en los lavabos
Un hombre vestido con un traje de ratón gigante hecho de espuma	Cualquier cosa servida «bajo cristal»

Si no consigues clasificar el sitio, es bueno que recuerdes que algunos tipos de restaurantes son conocidos por favorecer las comidas en familia:

- Los bares deportivos son buenos debido a que el alto nivel de ruido puede enmascarar el llanto del bebé y los múltiples televisores tendrán absolutamente hipnotizado al pequeño.
- Los restaurantes mexicanos suelen ser informales y tener mucho ruido y en algunos hay mariachis.
- Es posible que en los restaurantes especializados en pescado haya acuarios con peces o langostas y esas galletitas con forma de ostra que tu tragonzuelo puede mordisquear.
- Los restaurantes chinos cuentan con fideos crujientes, que son tan entretenidos. Los platos de arroz frito son buenos para los bebés y una galleta de la suerte, partida en pedazos y colocada formando un montón delante del bebé, puede tenerlo ocupado sus buenos quince minutos.
- Los restaurantes con buffet libre son estupendos, porque puedes tener la comida en el plato del bebé en treinta segundos y, además, puedes ofrecerle una serie de cosas entre las que escoger.

Cómo llegar al final de la comida

- **Id temprano.** Especialmente el primer par de veces, id tan temprano como podáis. La mayoría de restaurantes están vacíos entre las ocho y las nueve y si hay otros clientes suelen ser extranjeros, a los que quizá les guste la compañía.
- **Da de comer al bebé antes de ir.** Si está muerto de hambre cuando lleguéis al restaurante, prepárate para una comida larga. Dale de comer algo antes de salir de casa. También puedes reservar por teléfono y pedir que el camarero traiga pan y galletas en cuanto os sentéis.
- **Elige la mesa estratégicamente.** El mejor sitio para sentaros es cerca de una salida, para poder marcharos de inmediato si el bebé empieza a llorar. Manteneos alejados de la cocina, para evitar que los camareros con platos calientes pasen a toda velocidad a vuestro lado. Los reservados suelen ser una mala idea, porque la silla alta ocupará el pasillo y bloqueará el paso. Poner al pequeño delante de una ventana o una pecera puede ayudar a tenerlo entretenido durante toda la comida.
- **Lleva actividades.** Juguetes y libros te ayudarán a distraerlo durante la comida. Si te olvidas los juguetes, el papá con recursos puede usar cualquier cosa que tenga a mano.
  - Los sobrecitos de azúcar pueden convertirse en sonajeros improvisados (pero no dejes que se los coma).
  - Un vaso de plástico «para llevar» con tapa y un cubito de hielo dentro puede tenerlo fascinado durante un buen rato.
  - Las cucharas frías pueden ser unos eficaces juguetes para morder.
- **Llevátelo afuera.** A la primera señal de llanto, cógelo y sal con él al aparcamiento. Al siguiente estallido, haz que sea tu pareja quien salga, así la comida de los dos se enfriará por igual. Pide cosas que conserven buen sabor cuando estén tibias o frías.

> Si estás solo con el bebé, es probable que lo mejor sea ir a tomar una pizza o comprar comida para llevar.

- **Crea una zona prohibida.** No debe haber ninguna clase de comida ni bebida en el radio de acción del bebé. Al principio de la comida, pon un juguete cerca del centro de la mesa y luego cerciórate de que nada, salvo la comida y los juguetes del bebé, entra en esa zona. Muchos camareros, sea por distracción o pasiva-agresivamente, deciden poner las cosas más calientes delante del bebé, así que no dejes de recordarles que respeten la zona prohibida.
- **Da propinas propias de pez gordo.** Si alguna vez has trabajado como camarero, sabrás lo asqueroso que es recoger del suelo montones de cosas medio comidas y aplastadas. Así que antes de marcharte, recoge tú la mayor parte o compensa al camarero o camarera por sus molestias, dándole una buena propina. Y recuerda, el bebé ha ocupado el sitio de un adulto, así que puedes dar una propina como si él hubiera pedido una comida de precio adulto. Los camareros se acordarán de tu generosidad (o de tu falta de generosidad) la próxima vez que vayas.

SALIDAS DIVERTIDAS de 10 a 12 meses

Tu pequeño, con casi un año, ya ha tenido bastante de quedarse sentado, quieto, mirando hacia adelante. Ahora busca acción y aventuras. Veamos algunas buenas actividades para este grupo de edad:

Solares en construcción. Camiones con volquete descargando, grúas levantando vigas, hombres clavando pilares en el suelo, vertiendo y alisando cemento y poniendo hileras de ladrillos; no es posible encontrar nada mejor que un solar en construcción. Y además, es posible que a tu bebé también le guste.

Fiestas de cumpleaños. Sin duda te invitarán a las fiestas de cumpleaños de niños nacidos más o menos por las mismas fechas que el tuyo y debes aprovechar todas las oportunidades que se presenten. Es una forma indolora de pasar la tarde con tu vástago. Probablemente, el lugar será a prueba de bebés, tendrán comida y actividades orientadas a los bebés y puedes intercambiar impresiones con otros padres. Además, ver a todos esos bebés te ayudará a darte cuenta de que el tuyo está muy adelantado.

Pizzería. Es una actividad estupenda. Pides una pizza y luego miras cómo la amasan, la tiran al aire y le ponen cosas encima. A continuación, puedes empezar a enseñarle al bebé el poder gustativo de la pizza.

Dar de comer a los patos. Haz que el pequeño les tire pequeños trozos de pan a los patos. No lo dejes suelto en ningún momento, porque algunos patos pueden ponerse un poco agresivos y no querrás que tu bebé tenga pesadillas al estilo Hitchcock cuando crezca. Si no vives cerca de patos, sustitúyelos por ardillas o palomas.

Grandes almacenes. Estos establecimientos tienen dos cosas a su favor: una enorme cantidad de cosas diferentes bajo el mismo techo y suelen estar cortos de personal. El bebé puede empezar gateando por el departamento de alfombras, saltar luego al de camas y cuando esté listo para hacer una siesta, puedes encontrar un sofá en un rincón discreto donde los dos podéis echar una cabezadita.

Cómo aumentar la DESTREZA de 10 a 12 meses

Toreo de carretilla

En este juego, el bebé practica su habilidad para andar y tú desempolvas tus pases de matador. Haz que se ponga de pie en un extremo de la estancia, con su andador estilo carretilla y tú te pones en el otro, agitando una toalla o manta de color vivo. Haz que el pequeño vaya hacia ti diciendo «¡Toro, toro!». Cuando lo haga, pásale la toalla por encima de la cabeza y corre al otro lado de la habitación. Es muy probable que el pequeño se entusiasme y te persiga.

Favorece el equilibrio, la coordinación y la capacidad de andar.

Nota: los andadores carretilla son estupendos para los bebés de esta edad, pero cuida de comprar uno sólido con una base firme, para que el bebé no pueda volcarlo y caerse al apoyarse en él.

El papá hamaca

Pon una manta, toalla o sábana en el suelo y coloca al bebé en el centro. Coge los dos extremos más cercanos a su cabeza con una mano y los dos más cercanos a sus pies con la otra. Cerciórate de que los tienes bien cogidos y que el bebé puede ver por la abertura del centro. Levanta la manta y colúmpialo suavemente de un lado para otro, con cuidado de no dar contra los muebles.

Si el bebé se muestra vacilante o escéptico hacia esta actividad, primero hazle una demostración con animales de peluche, dejando que mire, y luego pregúntale si quiere que lo columpies a él.

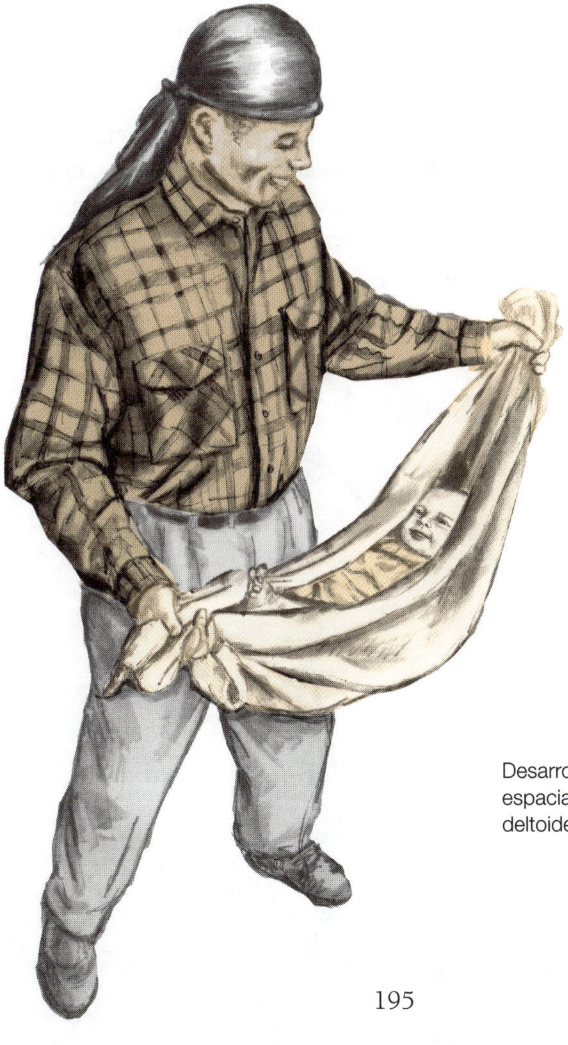

Desarrolla confianza, conciencia espacial y los trapecios y deltoides del papá.

El CAJÓN señuelo

Tu equipo electrónico forma parte de lo que te hace ser quien eres. Con tu móvil, buscapersonas, PDA y mando a distancia junto a ti, sientes que eres único en el mundo, siempre accesible, nunca aburrido, seguro de poder abordar con éxito cualquier aventura que la vida o el cable pongan en tu camino.

De alguna manera, el pequeño percibe el poder que tienen esos objetos y aprovechará todas las oportunidades para cogerlos o destruirlos.

Entonces decides comprarle versiones para él solo, en plástico de alegres colores. De ese modo, tendrá sus juguetes para poder jugar y tú tendrás los tuyos. Pero, claro está, el bebé deja inmediatamente a un lado a esos impostores y vuelve en busca de lo genuino.

Por eso tienes que crear un cajón señuelo, lleno de viejos teléfonos, buscapersonas y mandos a distancia, por no hablar de carteras, llaves, tarjetas de crédito, calculadoras y cintas de vídeo. El cajón tendría que estar a la altura del bebé y todos los artículos ser reales, pero no funcionar. De esa manera, cuando el bebé abra el cajón, pensará que ha encontrado la veta madre.

Por supuesto, este engaño no funcionará a menos que le vendas la falsificación. Cada vez que el pequeño meta la mano en el cajón, tienes que mirarlo con un aire de reproche que le garantice que está en una zona estrictamente prohibida.

Puedes crear un cajón señuelo en casi cualquier estancia de la casa. Proporcionará horas de diversión al bebé y a ti te dará un respiro muy necesario.

Cerciórate de que todos los artículos del cajón señuelo están libres de piezas pequeñas que pudieran soltarse y convertirse en un riesgo de asfixia para el bebé.

Cómo crear un cajón señuelo

Cajón señuelo de cocina

Cacharros diversos, tazas, vasos y platos de plástico, envases de sopa, cucharas de madera, hueveras de cartón.

Cajón señuelo de baño

Viejas botellas de champú bien lavadas, jabonera de plástico, cajas de tiritas vacías, un espejo de mano a prueba de bebés.

Cajón señuelo de despacho

No eches la llave a uno de los cajones del archivador y llénalo con carpetas con papeles inservibles y correo basura. ¿Quién tiene necesidad de una trituradora de papel cuando hay un bebé en casa? (Instala topes de goma en el cajón para evitar que se pille los dedos y vigila que no se coma los papeles.)

CÓMO IMPROVISAR UN PAÑAL DE EMERGENCIA

Son las cuatro de la madrugada y el bebé llora. Te parece que es un llanto de incomodidad y tu teoría se ve confirmada por el acre olor que te da en las narices cuando entras en la habitación. Metes la mano en el cajón para coger un pañal limpio y la sacas… vacía. Te has quedado sin pañales y vas a tener que esperar hasta la mañana para volver a abastecer tus reservas.

¿Crees que esto no te pasará a ti? Tendrás suerte si solo te pasa una vez.

El papá preparado sabe cómo improvisar un pañal provisional para una emergencia así. Tu pañal casero no tiene por qué ser súper absorbente ni ultra cómodo ni estéticamente atractivo. Solo tiene que funcionar lo suficiente para pasar la noche y que puedas movilizarte a primera hora de la mañana para comprar pañales de verdad.

Instrucciones:

1

2

1. Extiende el paño de cocina y pon el calcetín en medio, a lo largo.
2. Dobla los lados del paño para formar un cuadrado.
3. Pon al bebé encima del paño, dóblale la parte inferior entre las piernas y hacia arriba, para que descanse sobre su cintura.
4. Mete las esquinas delanteras dentro de las traseras y sujétalas con cinta aislante. Vigila que no le apriete demasiado y que no esté cerca de la piel del bebé.

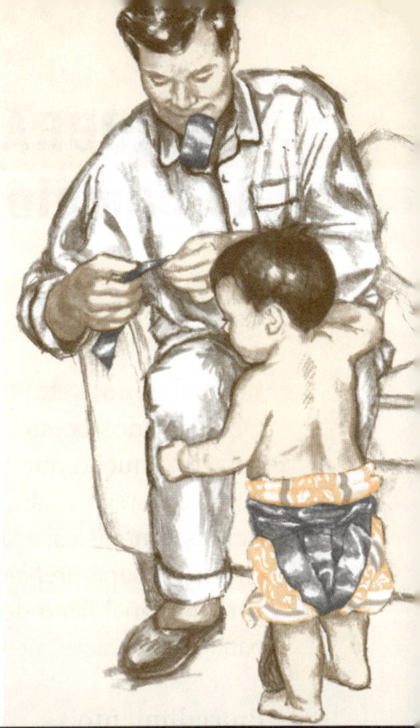

Lo que vas a necesitar:

Un paño de cocina limpio
Un calcetín grueso de algodón, limpio
Un rollo de cinta adhesiva extrafuerte

3

4

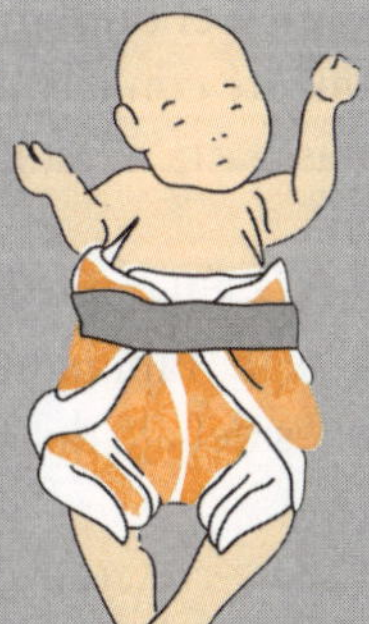

Advertencia: cerciórate de que tienes unas tijeras de seguridad a mano. De lo contrario puede resultar difícil liberar al bebé.

5. Si el pañal queda demasiado flojo en la entrepierna, utiliza más cinta aislante para cerrar el espacio.
6. Si quieres impermeabilizar el pañal (lo cual es muy aconsejable) cubre con cinta aislante tanta superficie como puedas, con cuidado de no rozar la piel del pequeño.

MANIOBRAS avanzadas de cambio

Con los bebés mayores tienes que modificar tu técnica de cambio de pañales.

El cambio de pañal de pie

Obsesionados como están por ponerse de pie, los bebés de esta edad no aprecian mucho que les obliguen a tumbarse para cambiarles los pañales. Así que se revolverán, buscando todos los medios posibles para soltarse de tu presa, incluso si eso significa tirarse de la mesa de cabeza. En estas situaciones, el papá preparado echa mano del cambio de pañal de pie, pensado para un pañal lleno de orina, pero que también funciona con la mayoría de pañales con cacas, siempre que tengas cuidado.

Procedimiento:

1. Pon un puñado de juguetes en un sofá o una silla. Si es una silla, fíjala para que no resbale durante el cambio.
2. Ponte a jugar animadamente con los juguetes, para atraer al bebé al campo de batalla. Si lo llevas hasta allí a la fuerza, se te verá el plumero y él sabrá que preparas algo.
3. Apóyalo contra el sofá o la silla. Sostenlo siempre con una mano por si empieza a inclinarse. Luego, rápidamente, desabróchale las perneras de los pantalones y méteselas debajo del cuello de la camiseta para tener acceso libre al pañal.
4. Actúa como un equipo de boxes, cambiando y limpiando tan rápidamente como sea humanamente posible. No tienes ni idea de cuándo se aburrirá y se largará. Y lo más importante, no tienes ni idea de si le quedan más municiones, así que te interesa limitar al máximo el tiempo en que está con el culito al aire.

El cambio de pie en tus rodillas

Este tipo de cambio es para esas veces en que no puedes usar el anterior. Por ejemplo, si estás sentado en un autobús, tren o estadio llenos de gente.

Para cambiarlo de esta manera, tú permaneces sentado mientras el bebé está de pie en tus rodillas. Está de cara a ti, apoyándose en tus hombros o pecho para sostenerse. El procedimiento es similar al anterior, pero como el bebé te está mirando, debes encontrar una manera diferente de tenerlo ocupado y que coopere durante el cambio.

Si llevas puesta una gorra de béisbol, puedes convertirte en un móvil humano sujetando la cinta de un chupete a la visera y haciendo oscilar un muñeco en su extremo.

Una manera de distraer al bebé: conviértete en móvil.

Una explosión de primera magnitud

Muy de vez en cuando, tu bebé te dejará sin sentido con unas cacas volcánicas, líquidas, que rebosarán del pañal rápidamente y saldrán espalda arriba. Este suceso es conocido como una explosión de primera magnitud.

Si esto sucede en casa, reza para que, en aquel momento, no esté encima del sofá. Y si te pasa en la carretera, reza para que tengas suficientes toallitas para contener la inundación. Más de un papá ha tenido que sacrificar sus calcetines por la causa.

La mejor solución es un baño inmediato. Si eso no es posible, pon al bebé encima de un cambiador o de una toalla marrón y quítale rápidamente la ropa sucia. Utiliza las partes de ropa que no estén sucias para recoger el desastre. Mete la ropa dentro de una bolsa de plástico (tendrías que llevar contigo por lo menos dos o tres en todo momento) y empieza a limpiar con toallitas o una manopla mojada, si la tienes. Primero limpia lo básico y luego, una vez que la mugre esté bajo control, pasa a una limpieza más minuciosa.

Cómo hacer reír al BEBÉ

Como los bebés tienen poco control sobre lo que los rodea, piensan que destrozar lo que te rodea a ti es para partirse de risa.

Del mismo modo que tu pareja está excepcionalmente dotada para amamantar al bebé, tú estás excepcionalmente dotado para proporcionarle diversión. Eso no quiere decir que tu pareja no pueda conseguir que el bebé se ría, pero cuando se trata de entender el sentido del humor del pequeño, tú tienes ventaja, probablemente porque no es tan diferente del tuyo. Si has disfrutado con The Three Stooges, Bugs Bunny o cualquier película de Mel Brooks, entonces tienes todo lo que necesitas para crear tu propio número cómico para el pequeño.

Descubrirás sus bromas favoritas aprendiendo de tus errores y, algunas veces, por pura casualidad. Un estornudo casual puede disparar una sonora carcajada y una manzana que se cae rodando de la mesa puede hacer que se parta de risa. Pero si alguna vez te quedas sin material, aquí tienes algunos gags, clasificados por categorías, que esperamos que dejen al bebé babeando y pidiendo más.

El papá como bebé

- Ponte su chupete en la boca al revés, trata de succionar y luego escúpelo, decepcionado.
- Mientras él toma su biberón, trata de beber por el otro extremo.
- Gatea por el suelo y haz que tu pareja te persiga.

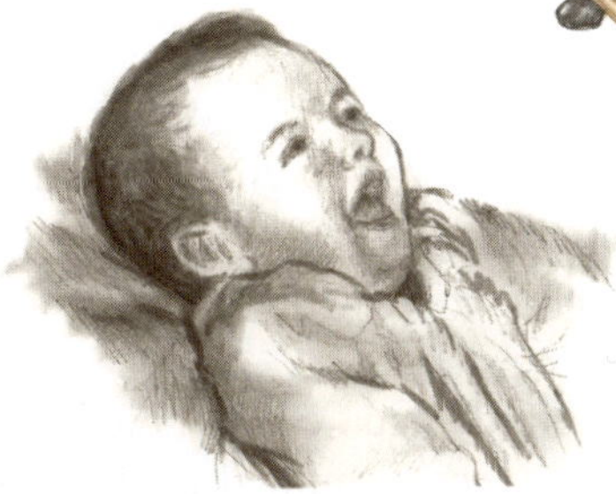

El papá como un completo tarado

- Intenta ponerte los pantalones del bebé en la cabeza o ponerle sus zapatos al perro.
- Ponte un juguete en la cabeza y finge buscarlo. Cuando se caiga al suelo, haz como si te dieras un susto.
- Enséñale imágenes de animales, pero equivócate con las voces. «La vaca dice guau.» (A la larga lo pescará.)

El papá como animal

- Gruñe como un perro y quítale el calcetín al bebé usando solo los dientes. Haz que él intente quitártelo de la boca.
- Finge que tu dedo es una abeja que zumba y haz que se pose, primero en tu nariz y luego en la del bebé. Espántala todo el rato.
- Finge que una de tus manos es la pinza de una langosta y haz que trate de pillar al bebé y luego a ti mismo. Haz que se aferre a tu nariz y no quiera soltarla.

La venganza de papá

- Finge comerte al bebé como si fuera una mazorca de maíz gigante.
- Huélele los pies, pon cara de asco y apártalos, diciendo: «¡Qué peste de pies!».
- Alza al bebé como si fuera una barra de gimnasia y cuando lo tengas cerca de tu boca, hazle una fuerte pedorreta en la barriga.

El bebé hace llorar a papá

- Construye una torre de piezas y cuando él la derribe, llora a voz en grito.
- Túmbate junto al pequeño, cierra los ojos y ronca con fuerza. Cuando él te empuje, levanta la cabeza y di: «Vale, ¿no? ¡Estoy tratando de dormir un poco!» y vuelve a tumbarte.
- Sostén un trozo de su comida cerca de él y finge no darte cuenta cuando te la quite de la mano. Luego mírate la mano vacía y di: «¡Eh, que esa es mi comida!».

Papá hace llorar a papá

- Date golpes en la cabeza con una botella de plástico vacía y luego imita el «Uy» de Homer Simpson.
- Tropieza con uno de los juguetes del pequeño y pégate un batacazo impresionante en el sofá.
- Coge una pistola de agua o una botella rociadora. Apúntatela hacia la cara, mira el gatillo y di: «¿Para qué servirá esto?». Échate un chorro por encima y chilla.

Se produce algo cómico cuando esperas una cosa y ocurre algo totalmente diferente. La mayoría de bebés de menos de siete u ocho meses no entienden las bromas, porque no tienen expectativas. Lo aceptan todo tal como es. Es decir, son crédulos.

Los BEBÉS y los aviones

Deja que los que te rodean compartan la responsabilidad de entretener al bebé.

¿Cansado de pasar todo el tiempo encerrado en casa con el bebé? ¿Por qué no piensas en pasar algo de tiempo encerrado con el bebé en un avión? Aunque solo sea por eso, hazlo por el puro placer de ver las reacciones aterrorizadas de los demás pasajeros cuando el bebé y tú subís a bordo y recorréis el pasillo en dirección a ellos, buscando vuestros asientos. (Para conseguir un efecto añadido, caminad arriba y abajo varias veces antes de acomodaros.)

Cuando viajéis en avión, lo máximo que cualquier padre puede esperar es un bebé tranquilo. Emplea las siete tácticas siguientes para que esté calmado durante el trayecto.

1. Elige los asientos con sensatez

Cuando reserves un vuelo, recuerda lo siguiente:

- Si no quieres comprar un billete para el bebé, tú y tu pareja debéis reservar los asientos de ventana y pasillo de la misma fila, dejando el de en medio libre. Esos asientos son siempre los últimos en llenarse y, aunque alguien lo haya reservado, en cuanto vean al bebé, le rogarán a la azafata que los ponga en otro sitio.
- La primera fila ofrece más espacio para las piernas y tener una pared delante es una bendición, en especial cuando el bebé decide tirar sus juguetes por todas partes. Y si lo solicitas, algunas compañías aéreas proporcionan cunas que se acoplan a la mampara.
- Si os sentáis cerca de los lavabos, suele haber espacio extra para moverse. Y el movimiento casi constante de gente puede tener entretenido al bebé. Puedes jugar a «cu-cú» con los pasajeros que entran y salen del lavabo (tanto si les gusta como si no) y puedes entrar en el lavabo con el bebé para miraros al espejo, tocar los interruptores y maravillaros ante el agua azul que forma un torbellino antes de desaparecer por el desagüe.
- No se permite que los padres con bebés estén en las filas de las salidas. Suponemos que es porque después de estar una hora con un bebé que llora a voz en cuello, podrías tirar de la palanca de emergencia y saltar.

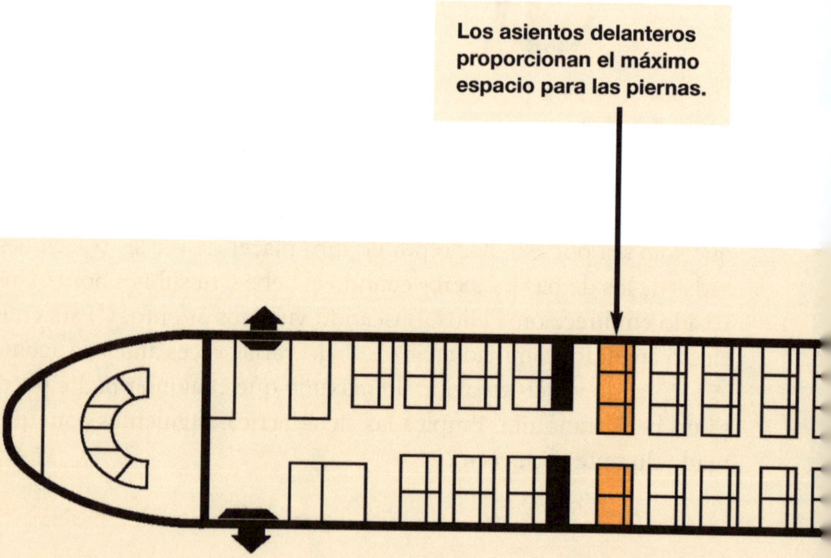

2. Aumenta las posibilidades de que duerma

Entre los medios para inducir el sueño durante el vuelo están los siguientes:

- Programa el viaje para que coincida con su siesta o fastídiate y coge un vuelo nocturno.
- Llega temprano al aeropuerto y cánsalo todo lo que puedas. No será difícil, porque a los bebés les entusiasman los amplios espacios abiertos, los pasillos rodantes y los vestíbulos enmoquetados de los aeropuertos.
- Subid a bordo los últimos, aunque estáis autorizados a subir los primeros. Uno de los dos, tú o tu pareja, sube a bordo con todo el equipo, mientras el otro hace todo lo posible para agotar al bebé en la sala de espera.
- Dale una dosis de Benadryl o Tylenol infantiles para ayudarlo a entrar en el país de los sueños, pero consulta siempre al médico antes de administrar cualquier medicina.

3. Dale de comer durante el despegue y el aterrizaje

A fin de equilibrar la presión en los oídos del pequeño, debería estar al pecho o tomando el biberón durante el despegue y en especial, durante el aterrizaje. Si no tiene hambre, un chupete también puede ir bien para aliviar la presión. Si el bebé se niega a succionar, sentirá dolor de oídos y romperá a llorar, lo que también ayudará a equilibrar la presión.

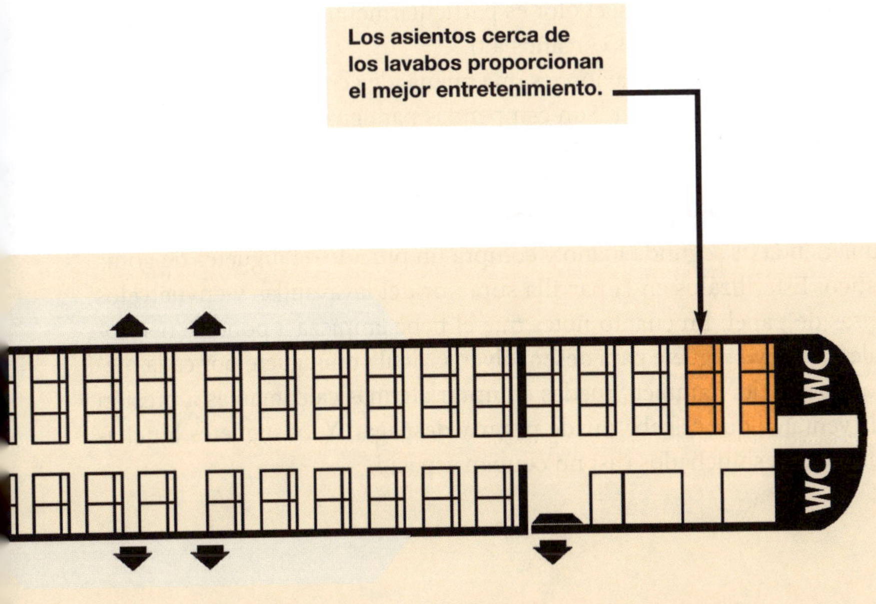

Si necesitas calentar un biberón a bordo, puedes pedir a la azafata que vierta agua caliente en una bolsa para el mareo y luego meter el biberón dentro unos minutos.

La leche en polvo es la mejor manera de dar de comer al bebé en un avión. Algunos padres miden previamente el polvo y lo meten en pequeñas bolsas de plástico, pero esto quizá no sea una gran idea si quieres pasar por el control de seguridad a tiempo.

Si fueras un policía del aeropuerto
y vieras esta bolsa, ¿qué pensarías?

4. Prepárate para los líquidos voladores

Como el riesgo del mareo siempre es alto, recuerda llevar tres o cuatro mudas extra para el bebé. Y tú tendrías que ponerte un paravientos encima de la ropa para poder limpiarlo fácilmente si te vomita encima. Lleva bolsas de plástico, toallitas húmedas y abundancia de pañuelos de papel con fines de contención.

Cambiar pañales sucios en el diminuto lavabo de un avión es casi imposible, así que quizá quieras hacerlo encima de una manta o toalla puesta sobre las rodillas de tu pareja. Cuando acabes, pon el pañal sucio dentro de una bolsa para el mareo. Y si el olor es particularmente ofensivo, invita a tomar algo a los pasajeros más cercanos a ti.

Antes de abandonar el avión, es una buena idea coger tantas bolsas para el mareo como puedas llevar. Son estupendas para guardar ropa sucia o húmeda, pañales usados y otros desechos relacionados con el bebé.

5. Haz aparecer juguetes a intervalos regulares

Ve a una tienda de segunda mano y compra un puñado de juguetes de goma y plástico. Esterilízalos en la parrilla superior del lavavajillas y envuélvelos en bolsas de papel. En cuanto notes que el bebé empieza a ponerse nervioso, dale un nuevo juguete para desenvolver. Calcula un juguete por cada media hora de vuelo. También puedes comprar algunas calcomanías a presión para la ventana, que el bebé puede pegar y despegar. Y los juguetes hinchables una vez deshinchados casi no ocupan espacio.

Si te quedas sin juguetes, prueba a fabricar un títere con una bolsa para el mareo. O deja que juegue con el *airphone* del respaldo del asiento. Muchos bebés sienten obsesión por los billetes, así que tu tarjeta de embarque puede tenerlo entretenido otro rato.

6. Obliga a los demás a entretener al bebé

Sostenlo de pie directamente delante de los pasajeros que tengas más cerca, a ver si alguien pica. Si lo dejas allí durante un tiempo incómodamente largo, seguro que alguien levanta la vista de su revista *Ronda* y fuerza una sonrisa. Es entonces cuando le dices al bebé: «Me parece que hay alguien que quiere jugar contigo». Míralo de esta manera: si todos quieren un bebé tranquilo, tendrán que hacer su parte.

7. Lleva artilugios para sostener al bebé

La mayoría de compañías aéreas te dejan llevar la sillita tipo paraguas y el asiento del coche en la cabina. Si el bebé tiene su propio asiento, pon allí la silla del coche y átalo durante el despegue y el aterrizaje. Meterlo en la bolsa de delante es igualmente una opción para esos momentos y tú seguirás teniendo las manos libres.

Llevar la sillita contigo en todo momento es importante, en particular cuando te quedas atrapado en un aeropuerto, porque tu vuelo de enlace lleva un retraso de tres horas o porque te retienen hasta que lleguen los perros para olisquear la leche en polvo del bebé.

HOTEL

Vale la pena alojarse en un hotel con el bebé aunque solo sea por los larguísimos pasillos. Esos pasillos son para los críos de diez a doce meses lo que las piscinas vacías para los chicos del monopatín: un lugar ideal donde pulir su habilidad. Las paredes son lisas e iguales y los suelos tienen unas gruesas moquetas, almohadillando la inevitable caída de bruces. Y cada recorrido puede acabar en una visita a la máquina de hielo; un artilugio predilecto de los bebés de todos los tiempos, que combina a partes iguales vista, sonido, tacto y gusto.

Además, los hoteles pueden proporcionar un respiro muy necesario a los papás. Es refrescante ver cómo tu pequeño destroza la casa de otro por una vez. Pero antes de soltarlo en su nuevo hábitat, hay dos aspectos que tendrás que abordar: sueño y seguridad.

Soluciones para dormir en un hotel

- **Lleva una cuna portátil.** La mayoría de hoteles proporcionan cunas, pero en general, son de mala calidad y están mal conservadas y los colchones han visto demasiadas inundaciones. Para tu tranquilidad mental, llévate tu propia cuna portátil. Y haz que el bebé duerma en ella un par de noches antes de ir al hotel, para que se acostumbre al cambio.

- **Lleva actividades para el baño.** Son para ti, no para el bebé, porque una vez que consigáis que se duerma, tu pareja y tú os podéis quedar bloqueados en el cuarto de baño un par de horas. Es posible que tu pareja crea que es un momento perfecto para hablar de vuestra relación. Para evitarlo, llévate un juego de Scrabble, una baraja de cartas, un tablero de ajedrez, cualquier cosa que os mantenga ocupados.
- **Bloquea la visión de vuestra cama desde la cuna del bebé.** Cuando el bebé se despierte en mitad de la noche y os vea en la cama justo a su lado, es posible que no vuelva a dormirse. Así que es preciso impedir que os vea. Pon sillas entre la cama y la cuna y luego cuelga toallas o sábanas extra encima.
- **Haced turnos.** Que uno de los dos tenga que quedarse en la habitación con el bebé no significa que los dos tengáis que sufrir. Haced turnos. Mientras tu pareja baja al bar del hotel y se dedica a mantener a raya a los miembros de una convención u otra, tú puedes quedarte en la habitación, escuchando tu walkman, leyendo, entreteniéndote con los juegos de tu móvil o, si el bebé te lo permite, viendo la televisión con el volumen bajo. Después de una hora más o menos, cambiad de posición.
- **Haz que la habitación favorezca el sueño.** Para mantener la habitación a oscuras, coge unas perchas del armario y úsalas para sujetar las cortinas unidas. Y para crear ruido blanco, mira a ver si puedes desconectar el cable de la parte de atrás del televisor. Luego ponlo en marcha y tapa la pantalla con una toalla para bloquear la luz. O cúbrela con una camiseta fina, que te proporcionará un efecto de luz nocturna.

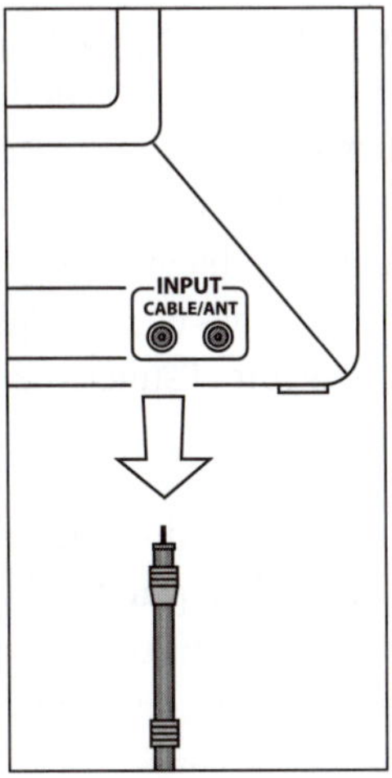

Estos dos sistemas te ayudarán a eliminar la luz y el ruido.

Cuatro minutos para poner la habitación a prueba de bebés

El bebé puede dar por sentado que el minibar es para minipersonas.

Poner la habitación del hotel a prueba de bebés no te llevará tanto tiempo como hacer lo mismo en casa y como solo estaréis pocos días, tus instalaciones deben ser fáciles de quitar. Algunos hoteles proporcionan elementos para esa tarea, pero la mayoría dan por sentado que te las arreglarás solo, una hazaña que no tendría que llevarte más de cinco minutos. Los únicos pertrechos que necesitarás son cinta aislante (más fácil de retirar que la cinta industrial) y limpiadores de pipa.

- Antes de dejar que el bebé se lance a gatear por toda la habitación, barre el suelo para eliminar elementos de riesgo como clips y monedas. Coloca la cafetera, el secador del pelo y la plancha fuera de su alcance.
- Usa la cinta aislante para tapar los enchufes y para cerrar bien los cajones y echa la llave al minibar. Para proteger la cabeza del bebé de coscorrones contra ángulos agudos, lleva una cantidad extra de calcetines, dóblalos por la mitad y sujétalos con cinta encima de todas las esquinas que estén a la altura del bebé o más abajo.
- Pega una enorme X en las puertas correderas de cristal que llevan a la terraza para que el bebé sepa que no puede pasar directamente a través de ellas. Asegúrate de que las puertas están bien cerradas. Usa los limpiadores de pipa para sujetar todos los cordones de cortinas y cintas de persianas. Asegura las puertas del armario enrollando un limpiador alrededor de los dos pomos y retorciéndolo.
- Es buena idea mantener la puerta del baño bien cerrada y convertir el baño en territorio prohibido en todo momento. Si el bebé ha averiguado cómo abrir puertas, pon uno de tus calcetines encima del pomo del baño. Le costará mucho conseguir el suficiente agarre para abrir la puerta.

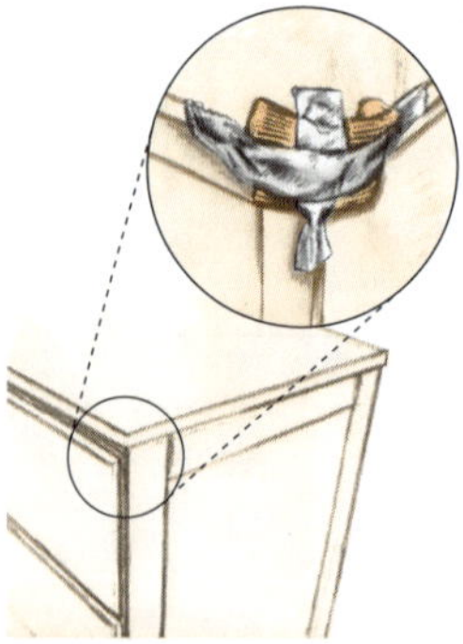

Usa calcetines del bebé doblados como protección en las esquinas.

Recuerda dar una buena propina al servicio. Los bebés pueden hacer más daño en una habitación de hotel que una banda de *heavy metal* y tienes que dar una compensación adecuada.

Cómo neutralizar a un CORRECAMINOS

Algunos niños de un año caminan y otros corren. Sin dejarse amilanar por los pasillos atestados, las pendientes escaleras mecánicas ni las intersecciones llenas de gente, se lanzan adelante hacia lo desconocido, como Shackleton hacia la Antártida.

En tanto que padre, tú admiras la determinación del bebé, pero como padre que quiere volver a casa con un niño vivo, sabes que tienes que frenarlo de alguna manera. Y la mejor forma de enfrentarse a la amenaza de que el niño se ausente sin permiso es ponerle ropa que te resulte fácil agarrar. Por ejemplo:

- Sudaderas con capucha
- Pantalones de peto
- Tirantes
- Pantalones con presillas para cinturón

Cuando se presente una situación potencialmente peligrosa, agarra el asidero y quedará inmovilizado. (Cuando uses la capucha, tira solo suavemente.) Luego, cuando haya pasado el peligro, suéltalo y estará libre de nuevo para probar todas las superficies del centro.

Usa la capucha del bebé como una correa improvisada.

De acampada con tu CACHORRO

El bebé no debe ser una excusa para jubilar la tienda y el saco. Por el contrario, acampar con un *bambino* puede ser una experiencia excelente para toda la familia. Sentirás la emoción de mostrarle todas las maravillas de la naturaleza y él tendrá la oportunidad de comer una variedad de tierra mucho mejor que la que consigue en casa.

Vas a tener que acarrear una gran cantidad de bártulos, en especial si decides recorrer el bosque mochila a la espalda. Uno de vosotros tendrá que cargar con el bebé y el otro tendrá que llevar todo lo demás. Cuando avancéis trabajosamente por el monte con el bebé en una mochila y una montaña de trastos en la otra, es posible que os sintáis como si fuerais sherpas que el bebé ha contratado para la expedición.

Cómo montar el campamento

- Elige un lugar para acampar que esté a una buena distancia de otros campistas. No querrás que los gritos del bebé despierten de madrugada a tus compañeros de acampada. Igualmente, tampoco querrás que los gritos de tus compañeros de acampada despierten al bebé de madrugada.
- Necesitarás algo para meterlo mientras montas el campamento. Si primero plantas la tienda, puede funcionar como un parque instántaneo. Pero es posible que el bebé se sienta más feliz en una cuna portátil. Podrá ponerse en pie y examinar concienzudamente la gran zona al aire libre.
- Cuando ya estés instalado, ponle pantalones largos y déjale que gatee por los alrededores contigo detrás. Solo ten cuidado de que no intente comerse las plantas, meter la mano en agujeros de serpientes o meterse dentro del fuego. Pero permítele que se ensucie. Una capa de suciedad le irá bien. Ayudará a protegerlo del sol y los bichos.

- Puedes usar protección para el sol especial para bebés y un repelente contra insectos en bebés mayores de seis meses siempre que evites las manos o los ojos. Y como puedes tropezarte con garrapatas, mosquitos, yedra venenosa, zumaque y otras cosas, por no hablar del ardiente sol, la mejor protección para tu pequeño explorador es ropa que le cubra las piernas y los brazos y una gorra con visera o un sombrerito.

Dormir al aire libre

- Algunos padres meten al pequeño dentro del saco con ellos, pero si de verdad quieres dormir, quizá necesites un plan alternativo. Llévate una cuna portátil y no tendrás que preocuparte de que el bebé ruede por la tienda.
- Ten una linterna a mano, dentro del saco de dormir, para que puedas encenderla en cuanto el pequeño empiece a llorar. Los bebés no están habituados a la oscuridad absoluta ni a los espeluznantes sonidos del bosque por la noche, así que se sobresaltan con facilidad.
- Un par de noches antes del viaje, ayuda al bebé a aclimatarse a dormir en el exterior, haciendo un simulacro con la tienda en el jardín.
- Recuerda que una tienda para dos personas no es lo bastante grande para dos adultos y un bebé. Consigue un modelo que dé cabida a por lo menos tres personas.
- Si hace frío, es una buena idea ponerle al bebé el saco manta.

Llévate una piscina hinchable para bebés. Tiene una multitud de usos y una vez deshinchada queda prácticamente en nada. Te servirá como:

- Piscina
- Bañera para el bebé
- Zona de juegos
- Cambiador
- Arenal improvisado

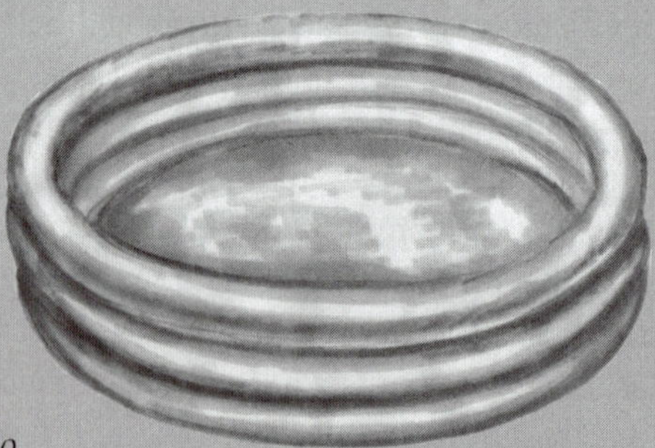

Supervisa siempre al bebé cuando esté en la piscina, sin importar lo que esté haciendo.

Eliminación de residuos

La mayoría de parques estatales tienen una política de «lo que llevas al parque te lo llevas del parque», lo cual significa que no puedes dejar ningún tipo de basura en el bosque. Lo que harás será meter la mayoría en bolsas de plástico de capa doble y acarrearla de un sitio para otro contigo, pero ¿qué haces con los pañales llenos de cacas?

La mejor solución es enterrar las cacas y luego meter el pañal en una pequeña bolsa de plástico antes de ponerlo dentro de la bolsa de capa doble. Cuando entierres las cacas, debes cavar un hoyo de, por lo menos, 15 centímetros de hondo y que esté a una distancia de 30 metros de cualquier fuente de agua.

DE EXCURSIÓN

La mochila del bebé

Antes de comprar una mochila, llévate al bebé a la tienda y haz una miniexcursión por los pasillos con él metido en la mochila. Si al cabo de cinco minutos, no te resulta cómoda, puedes tener la seguridad de que no te será cómoda en una excursión de tres horas por el bosque.

Cosas que debe tener una mochila para el bebé:

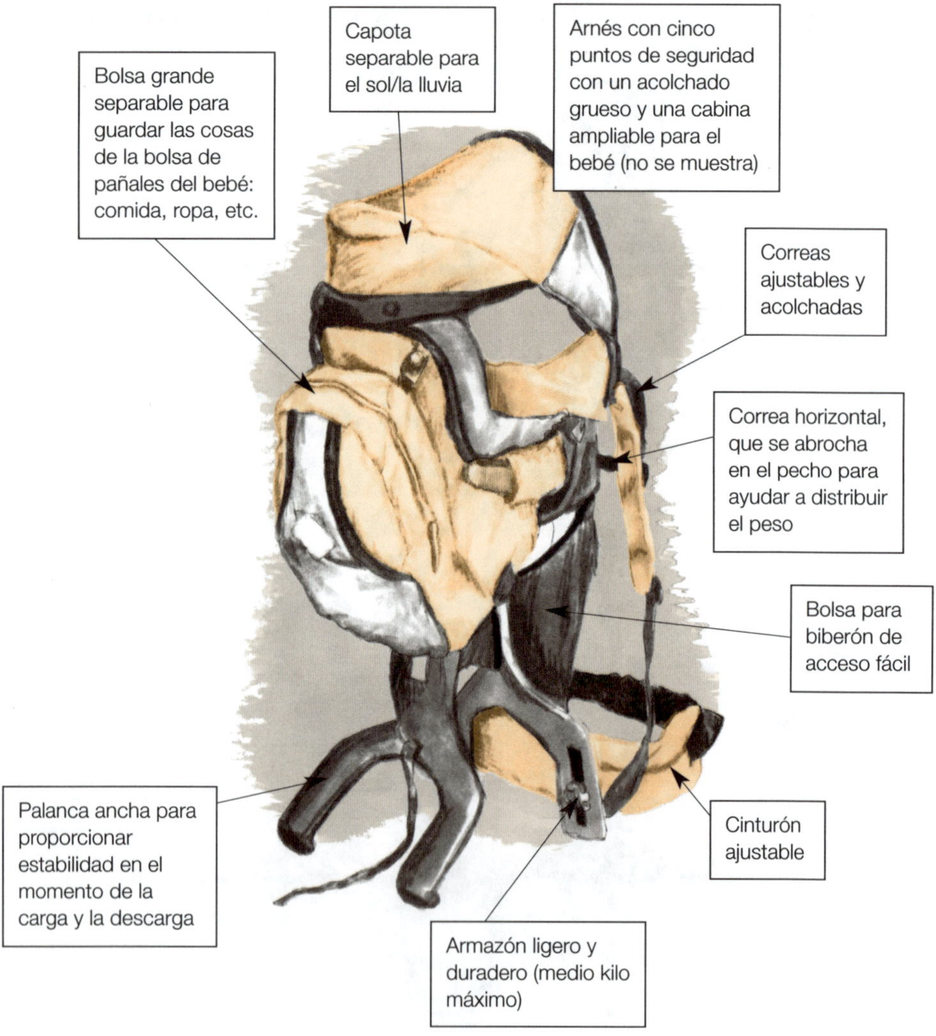

Siete cosas que has de recordar antes de embarcarte en una excursión:

1. Nunca te vayas de excursión solo con el bebé. Si te torcieras el tobillo por accidente, sería necesario que hubiera otro adulto contigo.
2. Si estás habituado a cargar una mochila de treinta kilos y tienes un bebé que pesa diez kilos, entonces solo tienes que llevar una carga de otros diez kilos. El peso de un niño es diferente del peso del equipo. Si no tienes cuidado, el constante movimiento del bebé puede desequilibrarte.
3. Abriga más al pequeño de lo que estés tú. Recuerda que tú te mueves, mientras que él es básicamente equipaje.
4. La mochila le proporciona al bebé un ángulo perfecto para regurgitar justo encima de tu camisa y en tu espalda. Es mejor no ponerte en marcha justo después de que él haya comido en abundancia, porque las sacudidas pueden hacer que lo vomite todo.
5. Si hace calor, dale mucha agua al bebé para mantenerlo hidratado. Para refrescarlo, llena una botella rociadora con agua tibia y rocíalo de vez en cuando. Y si la mochila lleva capota, úsala. Si no, ponle un gorro para el sol.
6. Si vas a estar fuera más de una hora, llévate una manta. Saca al bebé de la mochila de cuando en cuando para que pueda estirar las piernas y gatear por encima de la manta.
7. No te salgas de los caminos pisados y sigue siempre religiosamente los senderos señalizados, por muy seguro que te sientas de tu capacidad como excursionista.

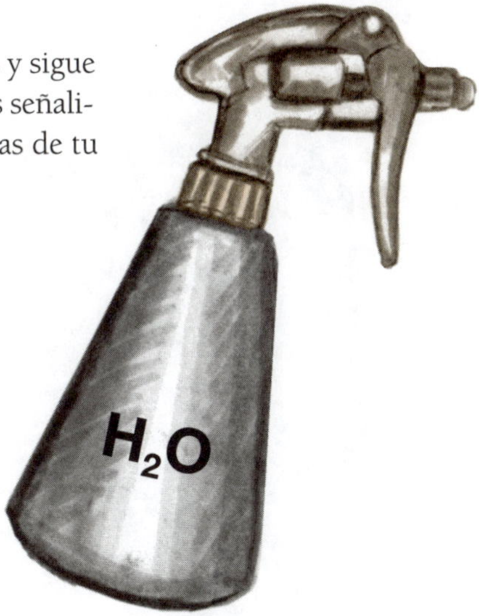

OSOS Y BEBÉS

Los osos y los bebés no van bien juntos, así que será mejor que evites tropezarte con un oso si es posible. Si acampas en algún lugar cercano al territorio de esos animales, puedes seguir estas sencillas directrices para evitar un posible enfrentamiento:

Evita sobresaltar a un oso
La mayoría de osos ataca si se ve sorprendido. Cuando camines por el bosque, canta con el bebé, en voz alta para que los osos os oigan venir. Átate un sonajero o un juguete que haga ruido al cinturón para aumentar el ruido.

Mantén la comida y la basura fuera de alcance
Guarda toda la comida, la leche y la leche en polvo en el maletero del coche o cuélgala de una rama, por lo menos a tres metros del suelo y a un metro y medio del tronco del árbol. También es buena idea hacer lo mismo con los pañales sucios y con cualquier otra basura que huela fuerte.

Aléjate de las cosas muertas
Cuando vayas de exploración con el bebé, no te acerques nunca a un animal muerto. Podría ser que el oso acabara de matarlo y quizá esté todavía acechando por allí cerca.

Si ves un oso, da a conocer tu presencia
Agita los brazos por encima de la cabeza, habla con voz fuerte y canta canciones infantiles. Es importante que el oso se entere de que estás ahí lo antes posible, porque si, por casualidad, se acercara, no te interesa sorprenderlo. A los osos no les gustan las sorpresas.

La primera FIESTA DE CUMPLEAÑOS

El bebé no recordará su primera fiesta de cumpleaños y puede que ni siquiera disfrute de ella mientras se celebra. Así pues, ¿por qué vas a meterte en todo ese jaleo? Puedes limitarte a imprimir cualquier fiesta de cumpleaños, poner una foto del pequeño en el lugar adecuado y luego escanear o fotografiar la imagen resultante. ¡Los abuelos nunca se darán cuenta del cambiazo!

Pero si decides celebrarlo de verdad:

- Procura que la fiesta sea con poca gente. Como norma general, la felicidad del bebé es inversamente proporcional a la cantidad de gente que hay en una habitación con él.
- No programes la fiesta para su hora habitual de la siesta, pensando que la adrenalina le hará superar el sueño. Puede hacer dos cosas: estallar o dormir durante toda la fiesta.
- No contrates a nadie para que se disfrace en la fiesta de un niño de un año. Cuando tu bebé ve a Barney en la tele, solo es un palmo de alto y eso es lo que el bebé espera de él. Cuando un Barney de un metro ochenta entra en la estancia, quizá le provoque tanto espanto como si fuera Godzilla.

Si tienes dinero, concentra tu atención en los invitados adultos. Por muy mono que sea tu bebé, ellos vienen sobre todo por obligación y te interesa que sepan lo mucho que agradeces su presencia. A continuación tienes diversas maneras de asegurarte de que volverán para su segundo cumpleaños.

Regalos
Si no quieres ver un montón de juguetes extra esparcidos por toda la casa, dile a todo el mundo que envuelvan cajas que no contengan más que papel de seda. Es divertido para tu bebé e indoloro para tus amigos.

Programación
Si quieres que tus amigos sigan siéndolo, no programes la fiesta a la misma hora que un importante acontecimiento deportivo, a menos que decidas tener la tele encendida y hacer que sea una fiesta de temática deportiva. Al bebé no le importara que sea lo uno o lo otro. Ponle una pegatina con el escudo de un equipo en el pijama para completar el ambiente.

Actividades
El tiempo que un bebé de un año consigue mantener la atención en algo descartará la mayoría de juegos, pero si quieres algo entretenido para los adultos, puedes escenificar unos Juegos Olímpicos para bebés. Compite cara a cara con otros equipos papá-bebé en disciplinas como:

¿Cuánta tarta puede ponerse tu bebé en la cara en menos de un minuto?
¿Cuánto tiempo aguantará el bebé con el gorro de la fiesta puesto antes de echarse a llorar?
¿Cuál de los bebés puede cruzar la habitación gateando y llegar al montón de regalos primero?
¿Cuál de los papás puede hacer que su bebé ría el primero?

Comida
Está claro que ha de haber una tarta y, a veces, eso es lo único que necesitas. Pero sin importar la hora del día que sea, ofrece cerveza y vino a los adultos. Es lo menos que puedes hacer. Y antes de que todos se marchen, coge a tu pareja y a tu bebé, chocad los vasos contra la taza del bebé y brindad por la nueva era del bebé.

El panda de AÑO NUEVO

¡ENHORABUENA!

Has llegado al final del primer año de tu bebé (por lo menos en forma de libro). Tu hazaña se merece una recompensa. En lugar de dinero en metálico, vas a ser partícipe de un enorme secreto paterno, hasta ahora solo conocido por un puñado de los papás más listos que hay ahí fuera. Este secreto no solo te ahorrará miles de dólares a lo largo de tu vida, sino que, además, se convertirá en una tradición familiar muy esperada que puede ser transmitida de generación en generación. Y se llama el panda de Año Nuevo.

Este panda se creó porque un papá ingenioso pensaba que era injusto que las rebajas comenzaran justo después de Navidad, el día después de que él lo necesitara. Así que empezó a buscar un medio de aprovechar las vertiginosas caídas de precios de después de las vacaciones y de hacer feliz a su hijo al mismo tiempo. Así nació el panda de Año Nuevo.

A principios de diciembre del año siguiente, ese padre reunió a sus hijos y les contó que por Nochevieja, un enorme y peludo panda visita las casas de los niños que no han recibido lo que querían por Navidad y satisface sus deseos. Y para estar seguro de que el panda no se salta tu casa, los niños tienen que poner algunos palitos de regaliz en el peldaño de la entrada para que se sienta bienvenido.

Puede que ahora el bebé sea todavía demasiado pequeño para entender por completo toda la gloria del panda de Año Nuevo, pero nunca es demasiado pronto para iniciar la tradición. Si empiezas ahora, para cuanto esté listo para el jardín de infancia, será una parte esencial del ritual de las vacaciones de tu familia.

CONCLUSIÓN

El año que ha pasado parece algo borroso, ¿verdad? Es casi imposible recordar cuando tu gran *bambino* era un recién nacido que te cabía en el brazo. Hace solo un año, sostenías en brazos un montón inquieto de carne y ahora tienes a una persona real, que puede comunicarse y moverse por sí mismo y llevar a cabo divertidas extravagancias.

No es solo el bebé quien ha crecido durante este año; tú también lo has hecho. ¿Recuerdas el puro terror que sentías los primeros días, a la vuelta del hospital? Pues mírate ahora. Eres todo un veterano. Y esperamos que pases tu nueva sabiduría a otros. Cuando veas en apuros a un papá bisoño que no tiene ni idea de qué hacer, no te burles de él desde lejos. Haz lo que puedas para echarle una mano u ofrecerle un sabio consejo. Y si estás cerca de una librería, ¿por qué no eres un tío rumboso y le regalas su propio ejemplar de *Prepárate, papá?*

Te felicitamos por un trabajo bien hecho y esperamos, sinceramente, que este año haya sido el mejor de tu vida (ya sabemos que ha sido el mejor de la vida de tu bebé). Después de todo lo que has pasado, te mereces un tiempo de descanso bien ganado. Pero por desgracia, no vas a conseguirlo. Porque la paternidad es una tarea de 24-7-365 y tú has firmado para un camino largo y difícil. Así pues, orinalito al hombro y prepárate para el año número dos.

AGRADECIMIENTOS

Gracias antes que nada a nuestro editor y amigo, Rob Weisbach, que defendió el libro incluso antes de que saliera y que ha sido una fuente constante de inspiración e ideas. Nuestro agradecimiento para todas las demás personas amables y llenas de talento de Simon & Schuster, en especial Bridie Clark, Linda Dingler, Jackie Seow, Aileen Boyle, Alexis Welby, Terra Chalberg, Jim Thiel, Laura Wise, Irene Kheradi, Emily Remes y John Del Gaizo. Gracias también a nuestro agente, amigo y experto local en bebés Todd Shuster y a todo el mundo en la agencia literaria ZSH.

Nos gustaría dar las gracias a nuestros padres Neil y Marlene Greenberg y George y Mary Hayden, por darnos la vida, alimentarnos y poner las escaleras a prueba de bebés. Sin vuestro cariño y apoyo este libro no habría visto la luz.

Gracias también al equipo de investigación y desarrollo de *Prepárate, papá*, encabezado por Meg Donaldson, con Jeremy Kareken, Mike Royce, Jon Bines, Kevin Johnson, Herb Emanuelson, Faye Hess y Jeff Boyd.

Nuestro más profundo reconocimiento para nuestras pediatras, Jessica Orbe y Sarah Baum, que se cercioraron de que todo en el libro fuera seguro para el bebé.

Y gracias a todos esos papás que nos dejaron entrevistarlos, observarlos y fotografiarlos en acción, entre ellos Pete Tuneski, Jonathan Stirling, Matt Ahern, John Lewis, Dave Brause, Jon Mysel, Mike Astrachan, Neal Lieberman, Lenny Levy, John Mertens, Paul Flynn, Dave Goldman, Steve Heller, Pablo Martínez, Bob Goetz, Sam Joseph, Andrew Kennedy, Don Hamrahi, Wayne Catan, Howie Allen, Leland Brandt, Joe Badalamente, Jeff Felmus, Todd Hansen, Mike Litsky, Dan Varrichione, Sean Martin Hingston, Rick Winters, David Caminear, Johnny Lampert, John Diresta, Dave Hirsch, Madison Rogers, Tim Mangan, Andrew Tsiouris, Roland Paradis, Mike Rozen, Garrison Schwartz, Ken Friedson y Charles Bonerbo.

Nuestra gratitud, también, para Annabelle Boyd, Marcy Greenberg, Leigh Hayden, Prescott Tuneski, Jeffrey Shaw, Roy y Beth Markham y su panda de Año Nuevo, Eva Hulme, Holley y Russ Flagg, Lenny y Barbara Grodin, Lucinda Knox, Jodi L.Iannantuono, Elliot y Judy Brause, Lisa Brause, William Stephenson, Ellie y Don Jacobs, Evie Barkin, Joe Clancy, Evan Shweky, Steve Gibbs, Steve Brykman, Raegan McCain, John Jacobs, Ellen Lenson, Oona Stern, Monique y Sergio Savarese, Joan Schultz, Adele Phillips, Brian Stern, Chris Mazzilli y el Club de la Comedia de Gotham, Peter Shapiro, Amelia Webster, Derek Lugo, Jude Gallagher, Frank Bozzo, Eva Hulme, Susan y John Javens, Carol Danilowicz, Petra Dielewicz, Rob Carson, Beth y Johnny García y el Club Manhattan Kids, Ilana Ruskay-Kidd y el Manhattan JCC, Suzanne Reiss, Daryle Connors, Stacey Fredericks, Kiki Schaeffer, Matt Strauss, la YMCA (Asociación Cristiana de Jóvenes) Sol Goldman, la tienda para bebés Schneider's, Felina Rakowski-Gallagher y el Upper Breast Side, Mike Abt y Abt Electronics, Derrick Neville y Circuit City, Manny Pagan, Ben Kim, Alexandra Jacobs, Jessica Nooney, Corlette James y todos los del jardín de infancia Small World, John Rodadero, John y Patty Wrajec, Lillie Rosenthal, la familia Blodgett, la familia Dexter, la familia Lamourine, Dawn Hutchins, Jean DeMerit, Carla Alcabes, Michelle Larrier, Jordan Rubin, Eva Dorsey y Jane's Exchange, Catherine Cetrangolo, Jeffrey Benoit, Alex Lawson, Suzanne Ball, Yvonne Suzuki Licopoli, Jim Mangan y Peg McCormick.

Y lo más importante, nos gustaría darle las gracias a nuestra hija Madeline Greenberg, que fue muy comprensiva durante los nueve meses en que la descuidamos para escribir un libro para padres. Pequeñaja, nunca habríamos podido prepararnos para toda la alegría que trajiste a nuestras vidas.

ÍNDICE